HISTOIRE
PHILOSOPHIQUE, POLITIQUE ET CRITIQUE
DU
CHRISTIANISME
ET
DES ÉGLISES CHRÉTIENNES,
DEPUIS JÉSUS JUSQU'AU DIX-NEUVIÈME SIÈCLE,

PAR

DE POTTER.

> Loin de nous attribuer la découverte de la vérité comme un privilége, ne cessons jamais de la chercher avec ardeur et persévérance. Il n'y aura d'espoir de voir un jour la vérité triompher sur la terre, que lorsque tous les hommes étant unis par un même amour pour elle, aucun d'eux ne prétendra plus en avoir le monopole.
>
> S. Augustin, contre l'écrit des manichéens appelé LE FONDEMENT, ch. 3, n. 4, t. VIII, p. 152.

TOME HUITIÈME.

PARIS.
LIBRAIRIE HISTORIQUE, RUE HAUTEFEUILLE, 14.
A BORDEAUX, CHEZ GRANET, ALLÉE DE TOURNY, 2.

1837.

HISTOIRE

DU

CHRISTIANISME

ET DES ÉGLISES CHRÉTIENNES.

IMPRIMERIE DE D'URTUBIE, WORMS ET Cie,
rue Saint-Pierre-Montmartre, 17.

TABLE ALPHABÉTIQUE

DES

COLLECTIONS, RECUEILS, ŒUVRES COMPLÈTES, TRAITÉS PARTICULIERS

ET

AUTEURS, CITÉS DANS L'HISTOIRE DU CHRISTIANISME.

A

Abaelardi (Petri) opera. Parisiis, 1616.

Abdias, babylon. certamen apostol. Basileæ, 1552.

Abelly, vie du V. Vincent de Paul. Paris, 1664.

Abul Farajii specimen histor. arab. cum notis Pocock. Oxonii, 1650.

Académie des inscriptions (Mémoires de l'). Paris, 1717 et suiv.

Acher. (Luc.) (d'Achéry) specilegium. Parisiis, 1723.

Acheul (Jul. de St), taxe des parties casuelles de la boutique du pape. Paris, 1820.

Adam. bremens. historia eccles. Helmstadii, 1670.

Adam. (Melch.) vitas theologor. german. Francofurti, 1653.

Adlzreitter (Jo.) a Tetenweiss, annales boicæ gentis. Francof. ad Mœn. 1710.

Adonis martyrologium. Romæ, 1745.

Adriaensen (Broer Cornelis), historie ende sermoenen. Amsterdam, 1714.

Adriani, storia. Firenze, 1583.

Æmil. (Paul.) veronens. de rebus gestis Francorum. Basileæ, 1601.

Agobardi (S.), archiep. lugdun. opera. Parisiis, 1666.

Agrippa (Henr. Corn.), de vanitate scientiarum ...... 1622.

Aguesseau (d'), mémoires sur les affaires de l'église de France. Paris, 1787-1789.

Aitzma, histor. pacis belg. Lugduni Batav. 1654.

Albertini (Vinc.), quadro stor. dell' invasione del 1796, e dell' aprimento d'occhj di Maria santiss. di Ancona. Assisi, 1820.

Alcoran des cordeliers. ...... 1513.

Alembert (d'), mélanges de littérature, d'histoire et de philosophie. Leide, 1783.

—Le même, œuvres philosoph. et littérair. Paris, an 13 (1805).

Alexander (Natal.), historia eccles. Parisiis, 1699. — Ibid. 1714. — Lucæ, 1754.

Alexandrinum (Chronicon). Monachii, 1615.

Allatius (Leo), de ecclesiæ occid. et orient. perpetuo consensu. Coloniæ Agripp. 1648.

Alvarus Pelagius, de planctu ecclesiæ. Venetiis, 1560.

Ambrosii (S.) opera. Parisiis, 1686. — Ibid. 1690.

Ammanati (Jacobi), card. papiens. commentarii. Mediolani, 1506.

Ammiani Marcellini historiæ. Parisiis, 1636. — Lugduni Batavor. 1693.

Ammirato (Scipione), istoria fiorentina. Firenze, 1648.

Amos (J.) Comenius, historia fratrum bohemor. Halæ, 1702.

Anabaptistes (Histoire des). Paris, 1695.

Anastasius biblioth. vitæ pontificum. Parisiis, 1649. — Romæ, 1718.

Angleterre (Mémoires de la dernière révolution d'). La Haye, 1702.

Anglaise (bibliothèque), (par de la Roche). Amsterdam, 1729.

Anglia sacra. Londini, 1691.

Angliæ (Historiæ) scriptores X. Londini, 1652.

Anglicar. (rerum) scriptores. Francofurti, 1601.

Anquetil, Louis XIV, sa cour et le régent. Paris, 1789.

Anselme (le P.), histoire généalog. et chronolog. de France. Paris, 1712 et 1726.

Anselmi (S.) opera. Parisiis, 1675.

Antonini (S.) opera. Lugduni, 1586.

Aretino (Leonard.), delle historie fiorentine. Venetia, 1561.

Aretius (Benedict.), historia condemnationis Val. Gentilis. Genevæ, 1567.

Argentré, histoire de Bretagne. Paris, 1588.

Ariosto (Lod.), Orlando furioso. Lione, 1556.

Arnobii opera. Lugduni Batav. 1651.

Arnoldus, abb. lubecens. chron. Slavorum. Lubecæ, 1659.

Art de désopiler la rate(l').Gallipoli, 178884.

Asiatik researches. London, 180*.

Asseman. bibliotheca orientalis. Romæ, 1719.

Athanasii (S.) opera. Parisiis, 1627.— Ibid. 1698.

Aubigné (Théod. Agrippa d'), les aventures du baron de Fœneste. Amsterdam, 1731.

— Le même, histoire universelle. Amsterdam (Genève), 1626.

Augustini (S.) opera. Parisiis, 1637.— Ibid. 1679. — Ibid. 1680. — Ibid. 1689.

Aventinus (Joann.), annales Bojorum. Lipsiæ, 1710.

Avrigny (le P. d'), jésuite, mémoires chronolog. et dogmat. Lyon, 1723.

B

Baillet (Adr.), jugemens des savans. Paris, 1722.

— Le même, vies des saints. Paris, 1715.

Baldelli (G. B.), del Petrarca e delle sue opere. Firenze, 1797.

Balsamon. commentarii in Photii nomocanon., canon. apostol., concil. nicæn., etc. Basileæ, 1561.—Lutetiæ Parisior. 1620.

Balthazar, de Helvetior. juribus circa sacra' das ist: etc. Zurich, 1768.

Baluzius (Steph.), nova collectio conciliorum. Parisiis, 1707.

— Idem, miscellanea. Parisiis, 1678.

— Idem, opera. Parisiis, 1666.

— Idem, vitæ pontificum avenionens. Parisiis, 1693.

Bandello, novelle. Lucca, 1554.

Bandtkie (Georges-Samuel), les fastes de la nation polonaise. Breslau, 1835.

Barbeyrac, morale des pères de l'église. Amsterdam, 1728.

Barelete (Fr. Gabriel.), sermones. Parisiis, 1507.

Baronii annales ecclesiast. Lucæ, 1738.

— Idem, in annal. ecclesiast. apparatus. Lucæ, 1740.

—Idem, martyrologium romanum. Romæ, 1586. — Antverpiæ, 1589. — Ibid. 1613. — Romæ, 1630.

Bartholom. (Fr.) Pisan. liber de conformitat. B. Francisci. Mediolani, 1510. — Ibid. 1514.—Bononiæ, 1620.

Bartoli (Gugl.), istoria dell' arciv. S. Antonino, etc., coll' apologia di fra Girolamo Savonarola. Firenze, 1782.

Basilica Petri (Carol. a), vita S. Caroli. Brixiæ, 1615.

Basilii (S.) magni opera. Parisiis, 1721.

Bate, elenchus motuum in Anglia. Londini, 1676.

Bausset (de), histoire de Fénélon. Paris, 1808. — Ibid. 1823.

Bayle (P.), critique générale de l'histoire du calvinisme. Villefranche, 1683.

— Le même, dictionnaire historique. Rotterdam, 1720.—Amsterdam, 1734.

— Le même, œuvres diverses. La Haye, 1727.

Beausobre (Nicol. de), histoire du manichéisme. Amsterdam, 1734.

Bedæ (venerab.) opera. Basileæ, 1563.

Belcarius, commentar. rerum gall. Lugduni, 1625.

Belgique (Bulletin des arrêtés et actes du gouvernement provisoire de la). Bruxelles, 1830.

Bellarmin. (Rob.) de controversiis. Ingolstad. 1587 et seq. — Lugduni, 1593-1596. — Parisiis, 1608.

— Idem, opera omnia. Pragæ, 1721.

Bellay (du), mémoires. Paris, 1588.

Belsham (Thom.), the present state of religious parts in England. London, 1818.

Benedicti (le R. Père F.-J.), la somme des péchés. Paris, 1602.

Benivieni (Hieronymo), opere. Firenze, 1519.

Bentivoglio (G.), guerre di Fiandra. Colonia, 1633.

Bergier, dictionnaire théologique. Besançon, 1830.

Bernard, nouvelles de la république des lettres. Amsterdam, 1708.

Bernardi (S.) opera. Parisiis, 1690.— Ibid. 1719.

Berni, opere burlesche. Usecht al Reno, 1771.

Bertius, commentar. rerum german. Amstelodami, 1632.

Bèze (Théod. de), vie de J. Calvin. Genève, 1657.

Biblia sacra. Romæ, 1590. — Ibid. 1592. — Parisiis, 1705, etc., etc.

Bizarri (Petr.), historia genuens. Antverpiæ, 1579.

Blanchard (P.-L.), abrégé d'un plus long commentaire sur M. Milner. Londres, 1810.

— Le même, abus sans exemple de l'autorité ecclésiast. Londres, 1808.

— Le même, défense du clergé français résidant à Londres, etc.; contre l'inculpation de monseigneur Jean Milner, vic. apostol., etc. Londres, 1808.

— Le même, développemens, moyens religieux et politiques, et remèdes du concordat de 1813. Londres, 1813.

— Le même, opposition de la déclaration des évêques catholiques d'Irlande, aux faits notoires. Londres, 1809.

— Le même, rapport impartial sur M. de Thémines, évêq. de Blois. Londres, 1812.

— Le même, réponse à une lettre de John Douglas, contre P. L. Blanchard. Londres, 1808.

— Le même, les révolutions du cardinal Maury. Londres, 1810.

— Le même, rapport impartial sur les six lettres de M. de Thémines, évêq. de Blois. Londres, 1812.

Blanchardisme dans le tombeau (Pie VII vengé, ou le). Londres, 1812.

Blastar. (Matth.), synodick. syngtagma. Oxonii, 1672.

Blondel (David), Pseudo-Isidorus. Genevæ, 1628.

— Le même, des sibylles. Paris, 1649.

Blondi historia. Basiliæ, 1531.

Bodin (J.), démonomanie. Paris, 1580.

— Le même, de la république. Paris, 1579.

Boerius (Nicol.), decisiones burdigalenses. Lugduni, 1567.

Bohemic. (Ecclesiæ) persecutiones... A. D. 1648.

Bohun, caractère de la reine Élisabeth. La Haye, 1694.

Bohuslas Balbin. epitome rerum bohemicar. Pragæ, 1677.

Boich, in decretales glossæ. Lugduni, 1557.

Boileau (l'abbé), hist. des flagellans. Amsterdam, 1701.

Bollandist. (a) acta sanctorum. Antverpiæ, 1643.

Bonanni, numismata pontificum romanor. Romæ, 1699.

Bonaparte (L.), documens historiques sur la Hollande. Paris, 1820.

Bonaventura (S.), vita S. Francisci. Antverpiæ, 1597.

Bongars, gesta Dei per Francos. Hanoviæ, 1611.

Bonifacii (S.), martyr. epistolæ. Moguntia, 1605.

Bonifacii, pap. VIII, sextus decretal. liber. Venetiis, 1514.

Bosco (Joan. a), bibliotheca benedictin. Lugduni, 1605.

Bosquet (Francisc.), gesta et epistolæ Innocentii pap. III. Tolosæ Tectosag. 1635.

Bossi (don), chronicon. Mediolani, 1492.

Bossuet, defensio declarationis cleri gallic. Luxemburgi, 1730.

— Le même, histoire des variations. Paris, 1688.

Bouchet (Jean), annales d'Aquitaine. Poitiers, 1644.

Bougeant (le P.), histoire du traité de Westphalie. Paris, 1744.

Bouquet (dom), recueil des historiens de France. Paris, 1738 et suiv.

Bourgoing, mémoires histor. et philos. sur Pie VI. Paris, an 7.

Bourignon (Antoinette), la parole de Dieu. Amsterdam, 1683.

Boverius (Zachar.), annales capucinorum. Lugduni, 1632.

Brabant (Réclamation des trois états du duché de)... 1787.

Brandebourg (Mémoires pour servir à l'histoire de), par Frédéric-le-Grand. Berlin et La Haye, 1751. — Londres, 1767.

Brandt (Gérard), hist. abrégée de la réformation des Pays-Bas. La Haye, 1726.

Brantôme. Paris, 1787.

Breviarium roman. Taurini, 1519. — Patavii, 1788.

Brocchi (G.-M.), descrizione del Mugello. Firenze, 1748.

Brohon (Mlle), manuel des victimes de Jésus... l'an de J. C. 1799.

Brower, annales Trevirorum. Leodii, 1670.

Bruti (J.-Mich.), historia florent. Venetiis, 1764.

Bruyère (La), dialogues sur le quiétisme. Paris, 1699.

Bruzen de la Martinière, histoire de Louis XIV. La Haye, 1741.

Buchanan, rerum scoticar. Edinburgi, 1715.

Bulæus (Cæsar Egass.) (du Boulay), historia universitatis paris. Parisiis, 1665 et seq.

Bullarium confraternitatum ordinis prædicatorum. Romæ, 1668.

Bullarium ordinis FF. prædicatorum. Romæ, 1732.

Bullarium romanum, edente Coquelines, sumptib. Mainard. Romæ, 1739.

— Idem. Luxemburgi, 1742.

Buonaccorsi (Biagio), diario. Firenze, 1568.

Buonaparte (Jacopo), ragguaglio stor. del sacco di Roma. Colonia, 1756.

Burchardi decretum. Coloniæ, 1548.—Parisiis, 1550.

Burnet, histoire de la réformation en Angleterre. Londres, 1683.

— Le même, histoire de son temps en Angleterre. La Haye, 1735.

— Le même, voyage de Suisse et d'Italie. Rotterdam, 1718.

Bzovius, annales eccles. Coloniæ Agripp. 1616.

C

Caballero (Raim. Diosd.), gloria posthuma societatis Jesu. Romæ, 1814.

Cabassutius, theoria et praxis juris canon. Augustoriti Picton. 1738.

Cæsar. illustr. miracul. et histor. memorabilia. Coloniæ Agripp. 1591.

Cagliostro (vie de J. Balsamo), sur la procédure instruite contre lui à Rome, en 1790. Paris, 1791.

Calmet (dom), commentaire sur la Bible. Paris, 1724.

— Le même, histoire ecclésiast. et civ. de Lorraine. Nancy, 1728.

Calvini (Joan.) opera. Amstelodami, 1667.

Camden (Guill.), Anglic. Normann. Hibern. etc. scripta. Fancofurti, 1603.

— Idem, annales Elisabethæ. Lugduni Batav. 1639.

Campana (Cæs.), vita di Filippo II. Vicenza. 1608.

Cancellieri, littera al dott. Koreff, sopra il tarantismo, etc. Roma, 1817.

Canisius, thesaurus ecclesiast. monumentorum. Antverpiæ, 1725.

Canon. corpus juris. Lugduni, 1524. — Ib. 1584. — Parisiis, 1612. — Lugduni, 1671. — Parisiis, 1685. — Ib. 1687.

Cantacuzen. historiæ. Parisiis, 1645.

Capece Latro, discorso istor. polit. dell' origine, del progresso e della decadenza del potere de' cherici sulle signorie temporali. Napoli, 1820.

Capilupi (Cam.), lo stratagemma di Carlo IX, re di Francia, contro gli ugonotti. Roma, 1572.

Capitularia regum francorum. Parisiis, 1780.

Caraccioli, lettres de Clément XIV. Paris, 1777.

— Le même, vie du pape Clément XIV. Paris, 1776.

Carli (Gian-Rinaldo conte), opere. Milano, 1784.

Casas (Fr. Bartolome de las), brevissima relacion de la destruycion de las Indias. Sevilla, 1552.

Cassiodori opera. Rothomagi, 1679.

Castro (Fr.-Alfonso de), minorit. contra hæreses. Parisiis, 1564.

Catechismus ex decretis concilii trident. et jussu papæ Pii V editus. Romæ, 1569.

Catena (Girol.), vita di S. Pio V. Roma, 1647.

Caterina (S.) da Siena. Siena, 1713.

Cathala Coturé (De), histoire du Quercy. Montauban et Paris, 1785.

Catrou (le P.), histoire du fanatisme dans la religion protest. Paris, 1733.

Cave, historia litteraria. Genevæ, 1720. — Oxonii, 1740.

Cedrenus (Georg.), chron. seu historiæ compendium. Basiliæ, 1566. — Parisiis, 1647.

Cellini (Benvenuto), sua vita. Milano, 1806.

Cenni, monumenta dominationis pontif. Romæ, 1760.

Charpentier, glossarium nov. ad Ducange supplement. Parisiis, 1766.

Chasteaugiron (l'abbé), examen impartial et paisible. Londres, 1802.

Chattard, descrizione del Vaticano. Roma, 1765.

Chaufepié, dictionnaire histor. Amsterdam, 1750.

Chifflet (P. J.), scriptorum veterum de fide cathol. quinque opuscula. Divione, 1656.

Chodzko (Léon.), tableau de la Pologne. Paris, 1830.

Choquet (Fr.-Hyac.), sancti Belgj ordinis prædicator. Duaci, 1618.

Ciaconius, vitæ pontificum. Romæ, 1677.

Citateur (le). Paris, 1820.

Civilis (corpus juris). Amstelodami, 1663.

Clarendon, histoire des guerres civil. d'Angleterre. La Haye, 1704.

Clemangius (Mat.-Nicol.), de corrupt. ecles. statu. Lugduni Batavor. 1613. — Helmstad. 1620.

— Idem, super mater. concil. general. Lugduni Batav. 1630.

Clementis (S.) alexandr. opera. Lutetiæ, 1629. — Ibid. 1643. — Oxonii, 1715.

Clementis (Liber VII, decretal.) complectens. Lugduni, 1528.

Clementis pap. XI, orationes in consistorio secreto. Francofurti, 1729.

— Ejusd. D. N. constitutio *Unigenitus*, theologice propugnata. Romæ, 1717.

Clemente XIV (storia della vita, azioni e virtù di). Firenze, 1778.

Clerée (Joan.), sermones quadragesimales. Parrhisiis, 1524.

Cluniensis (bibliotheca). Lutetiæ Paris, 1614.

Cocceii (J.) opera. Amstelædami, 1701.

Cochlæus (Joan.), historia hussitarum. S. Victor. prop. Mogunt. 1549.

— Idem, de actis et scriptis Mart. Lutheri. Magunt. 1549.

Coisliniana (bibliotheca). Parisiis, 1715.

Collenuccio (Pandolfo), istoria di Napoli. Vinegia, 1552.

Combefis. auctarium noviss. bibliothecæ græcor. patrum. Parisiis, 1672.

Comes (Natal.), historia. Argentorati, 1612.

Comines (Philip. de), mémoires. Paris, 1747.

Committee (report from select). London, 1816.

Concile national de France (canons et décrets du). Paris, an 6.

Concile (actes du second) national. Paris, an 9.

Controverse pacifique. Londres, 1802.

Controverse (première suite de la) pacifique. Londres, 1805.

Convention (la) du 11 juin 1817 entre S. M. T. C. et S. S. Pie VII, développée. Londres, 1817.

Coquillart (G.), poésies. Paris, 1723.

Corio (Bernardo), istoria di Milano. Milano, 1503. — Vinegia, 1554.

Corraro (Angelo), relazione della corte romana. Brusselles, 1672.

Correspondance secrète de Charette, Stofflet, etc. Paris, an 7.

Corte (Girolamo della), istoria di Verona. Verona, 1596.

Costanzo (Angelo di), istoria del regno di Napoli. Nell' Acquila, 1582.

Coteler. (J.-B.) monumenta ecclesiæ græcæ. Lutetiæ Parisior. 1677.— Ibid. 1699.

— Idem, SS. patrum apostolicorum opera. Amstelædami, 1724.

Coustant, romanorum pontificum epistolæ. Parisiis, 1721.

Covarruvias (don Jozo de), maximas sobra recursos de fuerza y proteccion. Madrid, 1788.

Coxe (William), histoire de la maison d'Autriche. Paris, 1809.

Craig. theologiæ christianæ principia mathematica. Lipsiæ, 1755.

Cultes (gazette des). Paris, 1829.

Cuoco, saggio stor. sulla rivoluzione di Napoli. Milano, anno 9 repubbl.

Çurita, anales de la corona de Aragon. Çaragoça, 1610.

Cusa (Nicol. de), cardinal. opera. Basileæ, 1565.

Cuspinian. de cæsar. et imperator. romanis. Argentorati, 1540.

Cypriani (S.) opera. Parisiis, 1632. — Amstelodami, 1700. — Parisiis, 1726.

Cyrilli (S.) alexandr. opera. Lutetiæ, 1638.

Cyrilli (S.) hierosolymit. opera. Oxonii, 1703. — Parisiis, 1720.

Czynski (Jean), question des juifs polonais. Paris, 1833.

D

Dadin. (Ant.) Altaserra (de Hauteserre) rerum aquitan. Tolosæ, 1648 et 1657.

Danicar. (rerum) scriptores. Hafniæ, 1772-1792.

Daniel (le P.), histoire de France. Paris, 1713. — Ibid. 1722.

Dante, monarchia. Basileæ, 1559.

Dates (l'art de vérifier les). Paris, 1770.

Daunou, essai histor. sur la puissance tempor. des papes. Paris, 1818.

Davanzati, arciv. di Trani, dissertazione de' vampiri. Napoli, 1774.

Davanzati (Forges), vie d'André Serrao, évêque de Potenza. Paris, 1806.

Davila, delle guerre civili di Francia. Venetia, 1733.

Décade (la) philosoph. littér. et politiq. Paris, an 2 de la république.

Delrio, disquisitiones magicæ. Moguntiæ, 1603. — Coloniæ Agripp. 1633.

Denina, rivoluzioni di Germania. Milano, 1805.

— Il medesimo rivoluz. d'Italia. Venezia, 1816.

Denis (J.-B.), mémoires anecdotes de la cour et du clergé de France. Londres, 1712.

Deschamps, de hæresi janseniana. Lutetiæ Paris. 1728.

Dewez, histoire générale de la Belgique. Bruxelles, 1807.

Dexter (Flav. Luc.), chronicon. Lugduni, 1627.

Dionis Cassii historia romana. Hamburgi, 1750.

Ditmar. episc. mersepurg. chronicon. Francofurti ad Mæn. 1580.

Documenti (raccolta di) sulle vertenze fra la S. Sede ed il governo francese. Italia (Roma), 1814.

Dodwell. (Henr.) dissertationes in Irenæum. Oxoniæ, 1689.

Dominis (Marc. Anton. de), de republica ecclesiast. Londini, 1617.

Dorsanne, journal. ...... 1756.

Dreux du Radier, bibliothèque histor. et crit. du Poitou. Paris, 1754.

— Le même, récréations historiques. La Haye, 1768.

Dubravius, historia rerum bohemicar. Hanoviæ, 1602.

Du Cange, glossarium. Parisiis, 1733.

Duchesne (André), histoire d'Angleterre, d'Ecosse et d'Irlande. Paris, 1666.

— Idem, historiæ Francor. scriptores. Lutetiæ Parisior. 1636.

— Idem, historiæ norman. scriptores. Parisiis, 1619.

Duchesne (Fr.), histoire des papes. Paris, 1645.

Duchesne (J.-B. Pilip.), histoire du baïanisme. Douai, 1751.

Duclos, mémoires secrets. Paris, 1791.

Dulaure, histoire de Paris. Paris, 1823.

— Le même, esquisses histor. de la révolution franç. Paris, 1823.

Du Marsais, exposition de la doctrine de l'église gallic. Paris, 1707.

Du Mas, histoire des cinq propositions de Jansénius. Liége, 1699.

Du Mont, corps diplomatique. Amsterdam, 1726.

Dupin (L. Ellies), bibliothèque des auteurs ecclésiast. Paris, 1686. — Ibid. 1698.

Duplessis Mornay (Phil.), mysterium iniquitatis. Salmurii, 1612.

— Le même, mystère d'iniquité. **** 1612.

Du Puy, histoire du différend d'entre Boniface VIII et Philippe-le-Bel. Paris, 1655.

— Le même, condamnation des templiers. Paris, 1654.

Durand de Maillanne, les libertés de l'église gallic. Lyon, 1771.

E

Eccard. (J. G.) (ab Eckhart), de rebus Franciæ oriental. Wirceburgi. 1729.

— Idem, corpus histor. medii ævi. Lipsiæ, 1723.

Ecclésiastique (abrégé chronol. de l'histoire). Paris, 1751.

Ecclésiastique (fragmens relatifs à l'histoire) du dix-neuvième siècle). Paris, 1814.

Ecclésiastiques (nouvelles). Utrecht, 1735 et suiv.

Echard (Laurent), the history of England. London, 1707.

Egerton (F.-H.), lettre inédite de la seigneurie de Florence à Sixte IV. Paris, 1814 (25 mars).

Eglise (histoire générale de l') pendant le dix-huitième siècle (M. l'abbé A. Guillon de Montléon). Besançon, 1823.

Eleuther. (Livin Meyer, jés.), historia controversiæ *de Auxiliis*. Bruxellis, 1714.

Émigrés (correspondance orig. des). Paris, 1793.

Epiphanii (S.) opera. Parisiis, 1622.

Erasmi opera. Lugduni Batavor. 1703.

Erici Olai ubsalens. historia Suecorum. Holmiæ, 1654.

Escobar et Mendoza (R. P. Ant. de) moralis theologia. Lugduni, 1645.

— Idem, theologia moralis. Lugduni, 1652.

Espencæi (Claud.) opera. Lutetiæ Parisior. 1619.

Estienne (Henri), aplogie pour Hérodote. La Haye, 1735.

Europæ (theatrum), oder beschreibr denckwurd. geschichte. Franckfurt am Mayn, 1643.

Eusebii chronicon, Hieronymo interpr. Amstelodami, 1658.

— Idem, demonstratio evangelica. Parisiis 1628.

— Idem, historia ecclesiastica, cum Socrate, Sozomeno, Evagrio, etc. Cantabrigiæ, 1720.

— Idem, preparatio evangelica. Parisiis, 1628.

Eutropii historiæ romanæ breviar. Oxonii, 1703. — Parisiis, 1726.

Eutychii alexandr. (Ebn Said Batrik, seu) patr. melchit. annales. Oxonii, 1659.

Expostulationes (canon. et reverent.) apud SS. DD. NN. Pium pap. VII, de variis act. ad ecclesiam gallican. spectantibus. Londini, 1803.

Expostulationum(canon.et reverent.)apud SS. DD. NN. Pium, pap. VII, continuatio. Londini, 1805.

F

Fabricius (J.), codices apocryph. novi testamenti. Hamburgi, 1703 et 1719.

Fabricius (Georg.), rerum german. magn. Lipsiæ, 1609.

Fabroni (Ang.), vita Laurentii. Pisis, 1784.

Facundus, episc. hermian. pro defensione trium capitulor. a P. Sirmond. edit. Lutetiæ Parisior. 1676.

Fagnani, commentar. in decretales. Coloniæ Agripp. 1681.

Fanatiques (histoire du soulèvement des). Paris, 1713.

Fantin des Odoards, histoire de la révolution. Paris, 1807.

Favoris (la magie des), * * * 1622.

Félibien, histoire de Paris. Paris, 1725.

Feller, catéchisme philosophique. Liége, 1788.

Fénelon, œuvres complètes. Versailles et Paris, 1820 et suiv.

Fénélon (vie de), par le marquis de Fénélon. Londres, 1747.

Ferraris, bibliotheca canon. Hagæ comitum, 1781.

Fiorentini (Fr. Maria), memoria di Matilda, la gran contessa. Lucca, 1756.

Flassan (de), histoire de la diplomatie française. Paris, 1809.

Fléchier, vie du card. Ximénès. Paris, 1693.

Fleury, histoire ecclésiastique. Paris, 1691.

Franc (Martin le), le champion des Dames. Paris, 1530.

France (la) catholique. Paris, 1825.

France (recueil des histor. de). Paris, 1738 et suiv.

Francesi (i) in Lombardia, da Carlo VIII fino alla... giornata del 28 aprile 1799. Venezia, 1799.

Francisci (de invento corpore divi), ord. minor. parentis. Romæ, 1819.

François (S.) de Sales, lettres. Paris, 1817.

Francor. (historiæ) scriptores veteres. Francofurti, 1596.

Freher. (Marq.) rerum bohem. scriptores. Hanoviæ, 1602.

— Idem, rerum german. scriptores. Argentorati, 1717.

Fréret, œuvres philosophiques. Londres, 1776.

Fulberti (D.) carnotens. epistolæ. Parisiis, 1608.

Fulgentii (S.) opera. Parisiis, 1684.

G

Gaguin. (Robert.) epistolæ, orationes, epigrammata, etc. Parisiis, 1498.

— Idem, de conceptione beatiss. virginis Mariæ. Parisiis, 1617.

Gaillard, histoire de François Ier. Paris, 1766.

Galatin. (P.), de arce catholicæ veritatis. Francofurti, 1612.

Galluzzi, storia del granducato. Firenze, 1781.

Garat (D.-J.), mémoires sur le 18e siècle et M. Suard. Paris, 1821.

Garnier (P.), liber diurnus romanorum pontificum. Parisiis, 1680.

Gaschet (Lettre de M.), curé, à M. J. Milner, vicaire apostol. en Angleterre. Londres, 1808.

— Le même, seconde lettre apologét. à M. J. Milner. Londres, 1809.

Gassend. (Petr.) adversus Aristotel. libr. 7 exercitatio paradox. Gratianopoli, 1624.

Gazzetta universale (de Toscane).

Gazzotti, storia delle guerre. Venezia, 1681.

Gelasius cysicen. de actis concilii nicæni. ..... 1604.

Gentien (Benoit), histoire de Charles VI. Paris, 1663.

Georgel (l'abbé), mémoires. Paris, 1817.

Gerardo (Pietro) padov. vita di Ezzelino. Venetia, 1560.

Gerberon (le P.), histoire génér. du jansénisme. Amsterdam, 1700.

Gerhohi reichersperg. syntagma, ed. Jac. Gretsero. Ingolstadii, 1611.

Germanique (bibliothèque). Amsterdam, 1720.

Gerson. (Joan.) opera. Antwerpiæ, 1706.

Ghetyden (onser liever vrouwen), (heures de Notre-Dame) gheprent te Parys by Thielman Kerver, duytsche ende druc-Kerheere, woonende in de selve stad van Parys, ende heeft se ghedruct voir synen zweer Gillys Remacle. 1505.

Ghirardacci, della istoria di Bologna. Bologna, 1657.

Giannone, storia civile del regno di Napoli. Napoli, 1723.

Gibbon, history of the decline and fall of the roman empire. Basil, 1787.

— Le même, histoire de la décad. de l'empire rom. Paris, 1812.

Ginguené, histoire littér. d'Italie. Paris, 1811.

Giulini (Giorg.), memorie della città e campagna di Milano. Milano, 1670.

Giurisdizione (collezione di scritture di regia). Firenze, 1770.

Giuseppe II (vita e fatti di). Lugano, 1790.

Giustiniani (Ag.), annali di Genova. Genova, 1537.

Glycæ (Michel.) annales. Parisiis, 1660.

Godefridus viterbens. Basileæ, 1559.

Goldast. collectio constitutionum imperial. Francofordiæ ad Mæn. 1615.

— Idem, monarchia. Hanoviæ, 1611.

Goldsmith, the history of England. London, 1771.

Gorani, mémoires secrets et crit. des cours. Paris, 1793.

Goubau (Fr.), epistolæ Pii pap. V. Antverpiæ, 1640.

Grabe, specilegium SS. Patrum. Oxoniæ, 1698.

Grævius (Georg.), thesaurus antiquitatis. Lugduni Batav. 1704.

Gratiani decretum. Parisiis, 1552. — Romæ, 1582. — Lugduni, 1615.

Gratiani, vita card. Commendonis. Parisiis, 1669.

Grawerus (Alb.), absurda absurdorum absurdissima. Jenæ, 1612.

Grégoire, essai histor. sur les libertés de l'église gallic. Paris, 1820.

— Le même, histoire des sectes relig. Paris, 1814. — Ibid. 1828.

— Le même, ruines de Port-Royal. Paris, 1809.

Gregorio (Maurit. de), expositio laconica omnium bullarum, etc. Neapoli, 1649.

Gregorii (S.) nazianz. opera. Parisiis, 1630.

Gregorii (S.) nyssen. opera. Parisiis, 1615.

Gregorii (S.) pap. I, opera. Parisiis, 1705.

Gregorii, pap. IX, decretales. Lugduni, 1528. — Ibid. 1549.

Gregorii (S.) thaumaturg. opera. Parisiis, 1622.

Gregorii (S.) turonens. opera. Lutetiæ. Paris. 1699.

Gretser. (Jac.), codex carolin. Ingolstadii, 1715.

— Idem, trias. Ingolstad. 1615.

Grimm et Diderot, correspondance littéraire. Paris, 1813. — Ibid. 1829.

— Les mêmes, correspondance inédite (par MM. Chéron et Thory). Paris, 1829.

Grotius (Hugo), annales Belgii. Amstelædami, 1657.

Guadagnius (Fr.), in sententias procurator. general. familiar. franciscal. in causa inventi corporis D. Francisci adnotationes. Romæ, 1820.

Gualdo Priorato (conte), istoria. Venezia, 1648.

— Il medesimo, storia del ministero del card. Mazarino. Venezia, 1678.

Gualter. (Jac.) tabulæ chronograph. Lugduni, 1636.

Guden. codex diplomat. Francofurti, 1747.

Guicciardini, istoria d'Italia. Venetia, 1580.

Guichenon, histoire génér. de la maison de Savoie. Lyon, 1660.

Guillet, histoire de Mahomet II. Paris, 1681.

H

Hadriani VI quodlibeticæ quæstiones. (sans date de lieu ni d'année).

— Ejusd. pont. max. quæstiones de sacramentis. Romæ, 1522.

Hahn (Simon. Frider.), collectio monumentorum veterum. Brunsvigæ, 1724.

Hardouin de Péréfixe, histoire de Henri-le-Grand. Amsterdam, 1662.

Harph (Henr.), theologia myst. cum speculativa tum præcipue affectiva. Coloniæ, 1538.

Heiss, histoire de l'empire. Amsterdam, 1733.

Hélyot, histoire des ordres religieux. Paris, 1721.

Hénault, abr. chronol. de l'histoire de France. Paris, 1752.

Henri III (Recueil de diverses pièces servant à l'histoire de). Cologne, 1699.

Henry (R.), history of England. London, 1771.

Hesychius, de origine Constantinopol. Parisiis, 1648.

Hieronymi (S.) opera. Antverpiæ, 1578. — Parisiis, 1693.

Hilarii (S.) opera. Parisiis, 1693.

Hildeberti (Ven.), episcop. turon. opera. Parisiis, 1708.

Hincmari, archiep. rhem. opera. Parisiis, 1645.

Histoire du temps. Amsterdam, 1691.

Hoffman. (J. J.) lexicon. Lugduni Batav. 1698.

Holstein (Luc.), collectio romana. Romæ, 1662.

Hoornbeeck, summa controversiæ. Trajecti ad Rhen. 1653.

Hosius (Stanisl.), de hæresibus. Venetiis, 1573. — Coloniæ, 1584.

Hospinian. de monachis. Tiguri, 1609.

Hotman (Ant.), traité de la dissolution du mariage par l'impuissance ou froideur de l'homme ou de la femme (1595). Paris, 1616.

Hottinger. thesaurus philologicus. Tiguri, 1659.

Houard, coutumes anglo-normandes. Paris, 1776.

Huldric. (J. J.) historia Jeschuæ nazareni. Lugduni Batavor. 1705.

Hume's history of England. London, 1762.

—The same, history of Great Britain. London, 1759.

— The same, history of the house of Tudor. London, 1759.

Hyde, historia religionis veterum Persarum. Oxonii, 1760.

I

Ignatii (S.) opera. Oxonii, 1644.

Innocentii. pap. III, epistolæ, a Baluz. edit. Parisiis, 1682.

Irenæus (S.), advers. hæres. Lutet. Parisior. 1639. — Ibid. 1710.

Isidori (S.), hispalens. opera. Parisiis, 1601.

Isidori (S.), pelusiot. opera. Parisiis, 1638.

Isthuanff, de rebus hungar. historia. Coloniæ Agripp. 1685.

Italicar. (rerum) scriptores. Florentiæ, 1770.

Ivonis (D.) carnotens. decretum. Lovanii, 1561. — Parisiis, 1647.

J

Jaligny (Guillaume de), Audin de la Vigne, etc., histoire de Charles VIII. Paris, 1684.

Jamblich. de mysteriis Ægyptiorum. Oxonii, 1678.

James (Thom.), bellum papale. Londini, 1600.

Jansénisme (Histoire abrégée du). Cologne, 1698.

Jansenii (Corn.) Augustinus. Lovanii, 1640.

Jésuites (extraits des assertions dangereuses et pernicieuses des) (par ordre du parlement). Paris, 1762.

Joannis (S.) Chrysostomi opera. Parisiis, 1636. — Ibid. 1718.

Joannis (S.) damasceni opera. Basileæ, 1548. — Parisiis, 1603. — Ibid. 1712.

Joinville (le sire de), vie de S. Louis. Paris, 1761.

Josephi (Flavii) opera. Amstelædami, 1726.

Jovii (Paul.) historia sui temporis. Basileæ, 1578.

Juliani imperat. opera. Lipsiæ, 1696.

Jurieu, défense de la doctrine univers. de l'église. Rotterdam, 1695.

— Le même, esprit de M. Arnaud. Deventer, 1684.

— Le même, politique du clergé de France. La Haye, 1682.

— Le même, préjugés légit. contre le papisme. Amsterdam, 1685.

— Le même, vrai système de l'église. Dordrecht, 1686.

Justiniani novellæ. Amstelodami, 1663.

Justini (S.) martyr. opera. Parisiis, 1615. — Ibid. 1742.

K

Karamsin, histoire de l'empire de Russie. Paris, 1819.

Keysslers (Joh. Georg.) reisen. Hanover, 1776.

Khevenhüller, annales ferdinandei. Leipzig, 1721.

Kirche (betracht. über die verhältnis der katholischen). ***** 1818.

Koch (Christ. Guilielm.), sanctio pragmatica illustrata. Argentorati, 1789.

— Le même, tableau des révolutions. Paris, 1807.

Kollar. analecta monument. vindobon. Vindobonæ, 1762.

Kouakérisme (histoire abrégée du). Cologne, 1692.

Krudner (sur Mde), contre M. de Bonald. Paris, 1817.

L

Labat (le P.), voyage en Espagne et en Italie. Paris, 1730.

Labbe, conciliorum collectio. Lutetiæ Parisior. 1671.

—Idem, collectio nova manuscriptorum. Paris, 1657.

La Chaise (le P.), histoire de S. Louis. Paris, 1688.

Lacretelle, histoire de France pendant les guerres de religion. Paris, 1814.

— Le même, histoire de France au 18e siècle. Paris, 1812.

La Croze (V.), histoire du christianisme des Indes. La Haye, 1758.

Lactantii Firmiliani opera. Lutetiæ Parisior. 1748.

Laloubère, description du royaume de Siam. Amsterdam, 1714.

Lambertini (Benedict. XIV), de servorum Dei beatificatione. Bononiæ, 1737.

Lamberty (de), mémoires pour servir à l'histoire du 18e siècle. Amsterdam, 1757.

Lami (Giov.), lezioni di antichità toscane. Firenze, 1766.

Lampredi, il banditore della verità. Roma, 1798 (anno primo della libertà rom.).

Languedoc (histoire génér. de), par deux religieux bénédict. (Cl. de Vic et Jos. Vaissette). Paris, 1730.

Larrey, histoire d'Angleterre. Rotterdam, 1713.

— Le même, histoire de France sous Louis XIV. Rotterdam, 1718.

Lastri, osservatore fiorentino. Firenze 1778. — Ibid. 1821.

Launoy (J.), de varia Aristotelis fortuna. Lutetiæ Parisior. 1662.

Lebeuf (l'abbé), histoire du diocèse de Paris. Paris, 1754.

Leblanc (Aug.) (le P. Serry, domin.) historia congregationis *de auxiliis*. Lovanii, 1700.

Leclerc (Jean), bibliothèque choisie. Amsterdam, 1703.

—Le même, histoire des Provinces-Unies. Amsterdam, 1728.

— Le même et de la Crosse, bibliothèque universelle. Amsterdam, 1687.

Léger, histoire des églises vaudoises. Leyde, 1669.

Leibnitz, accessiones historicæ. Lipsiæ, 1698-1700.

— Idem, scriptores rerum brunswicens. Hanoveræ, 1707-1711.

Lelewel (Joach.), le règne de Stanislas-Auguste. Varsovie, 1831 (en polonais).

Lenfant, concile de Constance. Amsterdam, 1714.

— Le même, histoire du concile de Pise. Amsterdam, 1724.

— Le même, histoire de la guerre des hussites et du concile de Bâle. Amsterdam, 1731.

Lenoir Laroche (mde), le calvaire des lauriers. Paris, 1820.

Leonis (S.) Pap. I (magni) opera. Lutetiæ Paris. 1675. — Lugduni, 1700. — Venetiis, 1753.

Leopoldo II (Memorie sulla vita di). Italia, 1792.

L'Estoile (P. de), journal de Henri III. La Haye (Paris), 1744.

Leti (Gregor.), vita di Filippo II. Coligni, 1679.

— Il medesimo, vita di Sisto V. Amstelodamo, 1721.

Lettres historiques. La Haye, 1700 et suiv.

Leunclav. (Johann.), jus græco-romanum. Francofurti, 1696.

Levesque (P. C.), histoire de Russie. Paris, 1812.

Leydecker (Melch.), historia jansenismi. Trajecti ad Rhen. 1695.

Libanius, epistolæ, etc. Amstelædami, 1738.

— Idem, orationes. Lutetiæ, 1647.

— Idem, pro templis. Coloniæ, 1631.

Libertés (preuves des) de l'église gallic. Paris, 1651.

Lichtenau (Conrad. a), abb. ursperg. chronicon. Basileæ, 1569.

Lichtenau (comtesse de), mémoires. Paris, 1809.

Ligue (histoire de la) de Cambrai. Paris, 1709.

Limborch. (Philip. a) vita Simonis Episcopii. Amstelodami, 1701. — Ibid. 1701.

—Idem, epistolæ ecclesiast. Amstelædami, 1704.

— Idem, historia inquisitionis. Amstelodami, 1692.

— Idem, theologia christ. ad praxim pietatis ac promotion. pacis unice directa. Amstelodami, 1695.

Limiers, histoire de Louis XIV. Amsterdam, 1710.

Lindan. Dubitant. dialogi. Coloniæ, 1571.

Lindenbrog. (Espold.), scriptores rerum german. Francofurti, 1630.

— Idem, codex legum antiq. Francofurti, 1613.

Littéraire (histoire) de la France, au 13e siècle. Paris, 1735.

Littéraires (mémoires) de la Grande-Bretagne. La Haye, 1720.

Littéraire (voyage) de deux bénédictins (Ed. Martène et Ursin Durand). Paris, 1717.

Llorente (don), histoire crit. de l'inquisition d'Espagne. Paris, 1818.

Lobineau, histoire de Bretagne. Paris, 1707.

Londorp (Casp.), acta publica von ursach. der deutsch. krieg. Frankfurt, 1629.

Long (J. le), bibliotheca sacra. Paris, 1723.

Long (le P. le) et Fevret de Fontette, bibliothèque historique. Paris, 1768.

Longin (Dlugosz), historia Poloniæ. Francofurt. 1711.

Lopez (don Juan Luis), la historia legal de la bula llamada: In cœna Domini. Madrid, 1768.

Loth (Ludov. Bertr.), ord. FF. prædicat. S. Theologiæ doct. etc. resolutiones theologicæ in Belgio. Brugis, 1687.

Louis XII (Lettres de). Bruxelles, 1712.

Lubieniecki (Stanisl.), historia reformationis ecclesiæ Polon. Freistadii, 1685.

Lucca (Memorie e documenti per servire all' istoria del ducato di). Lucca, 18...

Luciani samosat. opera. Basileæ, 1602.

Ludewig. reliquiæ manuscriptor. Francofurti, 1720.

Lünig (Jean-Chrit.), code diplomat. de l'Allemagne. Frankfurt et Leipzig, 1732.

— Idem, codex Ital. diplomat. Francofurti et Lipsiæ, 1725.

Lupus (Christ.), scholia ad concil. Lovanii, 1665.—Ibid. 1682.—Venetiis, 1724.

Lutheri (Mart.), opera. Ienæ, 1612.

Lutzemburg (Bernard.), catalogus hæreticorum. Coloniæ, 1526. — Ibid. 1537.

Lydus (Joann.), de mensibus Græcorum. Lipsiæ, 1794.

M

Mabillon, analecta. Parisiis, 1708.

— Idem, vetera analecta. Lutetiæ Paris. 1675.

—Idem, annales ordinis S. Benedicti. Lutetiæ Paris. 1704

—Idem, et Acher. acta sanctor. ordinis S. Benedicti. Parisiis, 1668.

Machiavelli (Nic), delle istorie. (Firenze), 1559.

— Il medesimo, opere. Italia (Firenze), 1813.

Magdeburg. (a) centuriator. historia ecclesiastica. Basileæ, 1624.

Magie (la) des favoris. ***** 1622.

Magister sententiarum. Basileæ, 1510.

Magnier, considérations sur les jésuites. Paris, 1819.

Maillard (Oliv.), sermones dominicales. Parisiis, 1507.

— Idem, sermones de sanctis. Paris. 1507.

— Idem, quadragesimale opus, Parisiis prædic. Paris. 1512.

— Idem, sermones de adventu. Parisiis, 1511.

— Idem, quatuor sermones communes et sermones dominicales. Parisiis, 1511.

— Idem, sermones quadragesimales Nam. net. predicat. Parisiis, 1512.

Maimbourg, histoire de l'arianisme. Paris, 1673.

— Le même, histoire du calvinisme. Paris, 1682.

— Le même, histoire des iconoclastes. Paris, 1686.

— Le même, histoire de la ligue. Paris, 1683.

Maire de Belges, (Jehan le), de la différence des schismes et des conciles. (Sans date de lieu ni d'année.)

Maistre (De), du pape. Lyon, 1819.

Malalæ (Joann.) chronicon. Oxonii, 1691. — Ibid. 1703.

Malanima (Cesare), risposta di un teologo aretino alla domanda di un direttore spirituale. Pisa, 1799.

Malavolti (Orlando), istoria di Siena. Venetia, 1599.

Mallet, histoire de Danemark. Genève, 1787.

Mallio, annali di Roma. Roma, 1790 e seg.

Mambrin, Roseo, istoria del mondo. Venezia, 1592.

Manrique, vie de la vén. mère Anne-de-Jésus. Bruxelles, 1639.

Mansi, conciliorum collectio. Florentiæ, 1759.

Maracci (Lud.), alcoranus Mahometi. Patavii, 1698.

Marætius, fœderati Belgii orthodoxa exegesis. Groningæ, 1652.

— Idem, defensio fidei catholicæ de sacros. Trinitate. Groningæ; 1662.

—Idem, de vocibus *Trinitas, essentia*, etc. Groningæ, 1659 et 1660.

Marca (Petrus de), de concordia sacerdotii et imperii. Parisiis, 1704.

— Idem, marca hispanica. Parisiis, 1688.

Marchant (Clém.), remonstrance au peuple français sur les vices de ce temps (1575). Paris, 1588.

Marchetti, prodigj avvenuti in molte S. immagini di Maria sant. Roma, 179*.

— Il medesimo, ragionamento su i prodigj, etc. Fuligno, 1797.

Mariana, de rebus Hispaniæ. Hagæ comit. 1733.

Marineus, Hispania illustrata. Francofurti, 1603.

Marii Mercatoris opera. Parisiis, 1673.

Marlot, historia rhemens. metropolis. Rhemis, 1679.

Martène (Edm.), thesaurus anecdotorum. Parisiis, 1717.

— Idem, de antiquis ecclesiæ ritibus. Rotomagi, 1700.

— Idem, veterum scriptorum collectio nova. Parisiis, 1700.

— Idem, veterum scriptorum et monumentorum collectio amplissima. Parisiis, 1724.

Martens, recueil des traités. Gottinguo, 1800.

Martini (Anton.), nuovo testamento, tradotto in lingua ital. Italia, 1817. — Livorno, 1818.

Martin. (Raym.) pugio fidei. Lipsiæ, 1687.

Martin. polon. archiep. chronicon. Antverpiæ, 1574.

Mastrofini (il cittadino), onestà del civico giuramento. Roma, anno 6 repubb. 1 romano.

— Lo stesso, metaphysica de Deo trino et uno. Romæ, 1816.

— Lo stesso, rilievi su l'opera del signor de Potter, intitolata *Spirito della chiesa*, etc. Roma, 1826.

Matrimonii (S. congregationis, etc.) inter Fridericum Guillelmum wurtemb. et Carolinam princ. Bavariæ summarium. Romæ, typis Vincent. Poggioli, typogr. cameræ (1816).

Matrimonii (S. congregat. et animadversiones defensoris). Romæ, 1816, iisd. typis.

Mattei (Pietro), historia di S. Luigi IX (trad. dal franc.). Venetia, 1628.

Matter (J.), histoire critique du gnosticisme. Paris, 1828.

Mauguin, synopsis historiæ prædestinatianæ. Paris. 1650.

Maundrell (Henri), voyage d'Alep à Jérusalem. Utrecht, 1705.

Médaille (notice histor. sur la) de l'immaculée conception de la T. S. V. connue sous le nom de *médaille miraculeuse*. Paris, 1835.

Meibom. rerum german. scriptores. Helmæstadii, 1681.

Melvil (Jacq.), mémoires. Edimbourg, 1745.

Ménage, histoire de Sablé. Paris, 1683.

Ménagiana. Paris, 1729.

Ménard (H.), in epistolis S. Barnabæ notæ. Parisiis, 1645.

Mencken. (Joann. Burchard.), rerum german. scriptores. Lipsiæ, 1728.

Mennais (F. de la), troisièmes mélanges. Paris, 1835.

— Le même, affaires de Rome. Paris, 1836-1837.

— Le même, lettre encyclique et brefs de Grégoire XVI relatifs, etc. Paris, 1833.

— Le même, lettre encyclique du 25 juin 1834. Paris, 1834.

Merlin, répertoire de jurisprudence. Paris, 1807.

Meshovius (Arn.), historia anabaptistarum. Coloniæ, 1617.

Metaphrastes, in ecclesiast. Parisiis, 1621.

Meursius (J.), historia Daniæ. Amstelodami, 1638.

— Idem, opera. Florentiæ, 1741.

Meyer. annales Flandriæ. Francofurt. ad Mæn. 1580.

Mézeray, histoire de France. Paris, 1685.

— Le même, abrégé chronol. de l'histoire de France. Paris, 1668.

Michaud (L. Gabr.), biographie universelle. Paris, 1811 et suiv.

Michaud (Jos.), histoire des croisades. Paris, 1812.

Micrælius, syntagma historiæ ecclesiasticæ. Lipsiæ et Francof. 1699.

Millot, élémens de l'histoire d'Angleterre. Paris, 1769.

— Le même, histoire de France. Paris, 1777.

Minutii Felicis opera. Lugduni Batavor. 1652.

Missale romanum. Venetiis, 1563. — Antverpiæ, 1737.

Misson (Max.), voyage d'Italie. La Haye. 1731. — Paris, 1743.

Mollerus, Cimbria litterat. Hanniæ, 1744.

Monita politica ad S. I. R. principes. Francofurti, 1609.

Moniteur (le). Paris, 1789 et suiv.

Monstrelet (chronique d'Enguerrand). Paris, 1572.

Montesquieu, l'esprit des lois. Amsterdam, 1788.

Montfaucon, nova collectio patrum græcorum. Paris. 1706.

Monumentorum (orthodoxograph. theolog. SS. patrum). Basileæ, 1569.

Morellet (Ab.), mémoires. Paris, 1822.

Moréri, dictionnaire historique. Paris, 1759.

Morin. (Joann.) de disciplina administ. pœnitentiæ. Venetiis, 1702.

Morland (Sam.), the history of the evangel. churches of the valleys op Piemont. London, 1658.

Mosheim, histoire ecclésiastique. Maestricht, 1776.

Motteville (Mad. de), mémoires. Amsterdam, 1723.

Munster (négociations secrètes de). La Haye, 1725.

Muratori, antichità estensi. Modena, 1717.

— Il medesimo, annali d'Italia. Roma, 1752.

— Idem, antiquitates ital. medii ævi. Mediolani, 1738.

— Il medesimo, piena esposizione dei diritti imp. ed estens. (sans date de lieu) 1712.

— Idem, rerum ital. scriptores. Mediolani, 1723.

Musculus (Wolfgang.), loci communes sacræ theologiæ. Basileæ, 1561.

Mutias (Huldric.), de Germanorum prim. orig. moribus, instit. Basileæ, 1539.

N

Nantes (histoire de l'édit de)... 1693-1695.

Nardi (Jacop.), istoria fiorentina. Firenze, 1584.

Nativité (abrégé de la vie et des révélations de la sœur de la). Paris, 1821.

Naucler. chronographia. Coloniæ, 1564. — Ibid. 1579.

Nény, mémoires histor. et polit. sur les Pays-Bas autrichiens. Bruxelles, 1786.

Nerli (Filipo), commentarj. Augusta, 1728.

Neubrigens. (Guilielm.) de rebus anglicis. Antverpiæ, 1567.

Nevisan. (Joann.), sylva nuptialis. Lugduni, 1556. — Venetiis, 1570.

Nicephor. Callist. historia ecclesiast. Lutetiæ Parisior. 1630.

Nicephor. Gregoræ historiæ. Parisiis, 1702.

Nicetas Choniat. annales. Parisiis, 1647.

Nicole, préjugés légitimes contre les calvinistes. Paris, 1671.

— Le même, les prétendus réformés convaincus de schisme. Paris, 1684.

— Le même, les imaginaires et les visionnaires. Cologne, 1683.

Nider. (Franc. Joan.) ord. prædicat. formicularium de maleficiis. Francofurti, 1588.

Niem (Theodoric. de), vita Joannis pap. XXIII. Francofurti ad Mœn. 1620.

— Idem, historia schismatis papist. Norimbergæ, 1532.

— Idem, cum nemoris unionis tractat. Basileæ, 1566.

Noris (Henr. de), vindiciæ augustinianæ. Bruxellis, 1675.

— Idem, historia pelagiana. Patavii, 1673.

Nullités (les cent) des édits de l'emp. Joseph II. Bruxelles, 1787.

O

Oceanus juris. Venetiæ, 15**.

OEfelius, rerum boicar. scriptores. Augustæ Vindelicor. 1763.

Olaus Magnus, historia gentium septentrion. Basileæ, 1567.

Oliva (G. Paolo), prediche dette nel palazzo apostolico. Roma, 1659.

O'Meara (Borry E.), Napoléon en exil, ou l'écho de Ste Hélène. Bruxelles, 1823.

Optati (S.) milevitani opera. Lutetiæ Parisior. 1700.

Ordonnances du roi de France. Paris, 1723 et suiv.

Origenis opera. Parisiis, 1604. — Ibid. 1733.

Orléans (le P. d'), histoire des révolutions d'Angleterre. Amsterdam, 1714.

Orloff, mémoires sur le royaume de Naples. Paris, 1819.

Oros. (Paul.) historia. Lugdun. Batavor. 1651. — Ibid. 1738.

Orthuin. Gratius, fasciculus rerum expetendarum et fugiendarum. Coloniæ, 1535. — Londini, 1690.

Ottii (J.-H.) annal. anabaptist. Basileæ, 1672.

P

Pacatius, panegyricus Theodosii imp. inter panegyr. vetera. Parisiis, 1676.

Pachymer. (Georg.) historia. Romæ, 1666-1669.

Palingenius (Marcel.), zodiacus vitæ. Lugduni, 1556.

Pallavicini, istoria del concilio di Trento. Roma, 1656.

Panvini, vitæ romanorum pontificum. Coloniæ, 1568.

Papes (histoire des) (par Bruys). La Haye, 1733.

Papin, la tolérance des protestans et l'autorité de l'église. Paris, 1692.

Papon, histoire générale de la Provence. Paris, 1777.

Paradin, annales de Bourgogne. Lyon, 1566.

Paravicini (Vincent.), de viris undique clarissimis. Basileæ, 1713.

Parent-Duchâtelet, de la prostitution dans la ville de Paris. Paris, 1836.

Paris (Matth.), historia Angliæ. Londini, 1640.

Paschasius (S.) Ratbert. de corpore et sanguine Domini. Lutet. Parisior. 1618.

Pasquier (Et.), recherches de la France. Paris, 1633. — Amsterdam, 1723.

Patrum (bibliotheca). Lugduni, 1677.

Pearson (J.), an exposition of the creed. London, 1683.

Peltier, dernier tableau de Paris. Londres, 1794.

Petitot, mémoires sur l'histoire de France. Paris, 1819.

Petrarchæ opera. Basileæ, 1581.

Petrina (D. Gaspar.). la storia di S. Bernardo. Torino, 1737.

Petri (S.) Damiani opera. Romæ, 1606. — Parisiis, 1663.

Pez (Bern.), thesaurus anecdotorum novissimus. Augustæ Vindelicorum, 1721.

Pez (Hieron.), scriptores rerum german. Lipsiæ, 1725.

Pfeffel, abrégé chronol. de l'histoire du droit public d'Allemagne. Manheim, 1758.

Phelipeaux (J.) relation du quiétisme. ***** 1732 et 1733.

Philomène (vie et miracles de Ste), vierge et martyre, surnommée *la thaumaturge du 19e siècle*. Paris, 1835.

Philonis judæi opera. Londini. 1742.

Philostrati lemnii opera. Parisiis, 1608.

Photii bibliotheca. Rothomagi, 1653.

Pic (Jean-Franç.) de la Mirandole, vie de Savonarole. Paris, 1674.

Picot, mémoires pour l'histoire ecclésiast. au 18e siècle. Paris, 1815.

Pie VII (bulles du pape) et autres pièces relatives au concordat. Londres, 1802.

Pijart, de singulari Christi Jesu, D. N. salvatoris, pulchritudine. Parisiis, 1651.

Pistoia (Atti e decreti del concilio dioces. di). Pistoia, 1786.

Pistor. (J.) rerum belgic. scriptores. Francof. ad Mæn. 1654.

—Idem, scriptores rerum german. Francofurti, 1613. — Ratisponæ, 1726.

Pithou (P.), libertés de l'église gallicane. Paris, 1715.

— Idem, scriptores germanici. Basileæ, 1569.

Pii, pap. II, commentarii, a Gobelin. edit. Francofurti, 1614.

Pii pap. VII (Allocutio), cum aliis monumentis. Romæ, 1802.

Platynæ historia de vitis pontificum perjucunda. Venetiis, 1504.

—Il medesimo, vita de' pontefici. Venezia, 1730.

Plinii junior. epistolæ. Amstelædami, 1734. — Glasguæ, 1751.

Pœnitentiales (canones). Tarracone, 1582.

Poggius Braccicolin. de Hieronymi obitu et supplicio. Basileæ, 1538.

— Ejusdem historiæ. Venetiis, 1715.

Politian. (Ang.) pactianæ conjurationis commentar. Neapol. 1769.

Pologne (les droits des trois puissances sur la république de). Londres, 1774.

Pologne (histoire des révolutions de). Warsovie, 1775.

Polonor. (bibliotheca fratrum). Irænopolis, 1656.

Polygamia triumphatrix. Londini Scanorum, 1682.

Pontanus (J. Isac.), rerum danicar. historia. Amstelodami, 1631.

Pontius (Basil.), de matrimonio. Bruxellis, 1627.

Porta (J.-B.), magia naturalis. Hanoviæ, 1619.

Porzio (Camillo). congiura de' baroni del regno di Napoli. Lucca, 1816.

Potter (de), lettres de saint Pie V, suivies d'un catéchisme cathol. rom. Bruxelles, 1827.

— Le même, réponse à quelques objections ou éclaircissemens sur la question catholique dans les Pays-Bas, Bruxelles, 1829.

— Le même, vie de Scipion de Ricci. Bruxelles, 1825.

— Le même, union des catholiques et des libéraux. Bruxelles, juin 1829. — Ibid. juillet 1829.

Pradt (de), les quatre concordats. Paris, 1818.

— Le même, suite des quatre concordats. Paris, 1820.

Prædicatorum (scriptores ordinis). Parisiis, 1719.

Prateolus, elenchus alphabet. de hæresibus omnibus. Coloniæ, 1615.

Pré aux clercs (la pourmenade du). ***** 1622.

Prezziner (Giov.), storia della chiesa, fino all' anno 1818. Firenze, 1820.

Prideaux, histoire des Juifs. Amsterdam, 1755.

Principi (lettere de'). Venezia, 1585.

Problémes (solution de divers). Cologne, 1699.

Procopii historia. Parisiis, 1662.

Produzione (breve ragguaglio della) prodigiosa d'olio, il di 30 maggio 1806, verificata autenticamente dalla curia arcivescovile fiorentina. Firenze, 1807.

Prosperi (S.) opera. Parisiis, 1711.

Provinciales (lettres). Amsterdam, 1767.

Puricelli, de sanctis martyr. mediolanensibus. Mediolani, 1657.

R

Rabaud St-Étienne, précis histor. de la révolution française. Bruxelles, 1817.

Racine (Louis), poème de la grâce. Riom et Clermont, 1801.

Rader. (Matth.) aula sancta. Monachii, 1614.

Ræmond (Florimond de), histoire de l'hérésie. Paris, 1610.

— Idem, synopsis controversiarum. Colon. Agripp. 1655.

Rapin Thoiras, histoire d'Angleterre. La Haye, 1724. — Ibid. 1749.

Raspon. (Cæsar.), de basilica lateranensi. Romæ, 1656.

Ratherii episcop. veron. opera. Veronæ, 1765.

Ratramnus, de corpore et sanguine Domini. Parisiis, 1712.

Raynald. (Odor.) annales ecclesiast. post Baronium. Luccæ, 1747.

Raynaud. (Theophil.), opera. Lugduni, 1665-1669.

Raynouard; monumens histor. concernant les Templiers. Paris, 1813.

Rechberger (Georg).. enchiridion juris ecclesiast. austriaci. Lintz, 1809.

Reghellini, examen du mosaïsme et du christianisme. Paris, 1834.

Reginon. de ecclesiast. disciplina. Parisiis, 1671.

Reicherspergense (chronicon). Monachii, 1611.

Religion (annales de la). Paris, 1795 et suiv.

Religieuse (chronique). Paris, 1809.

Religieuses (annales), polit. et littérair. (ensuite) annales catholiques. Paris, 1796.

Renouard, annales de l'imprimerie des Aldes. Paris, 1803.

Rétif de la Bretonne, le Pornographe. Londres, 1770.

Retz (mémoires du cardinal de). Amsterdam, 1718.

Rhône (archives du). Lyon, 1825.

Reveillère-Lépeaux (L. M.), réflexions sur le culte, sur les cérémonies civiles et sur les fêtes nationales. Paris, an 5 de la république.

Reuchlin. litteræ obscurorum virorum. Francof. ad Mæn. 1643. — Londini, 1710.

Richelieu (vie privée du maréch. de). Paris, 1791.

Rituum (decreta authentica congregationis). Romæ, 1808 et seq.

Roberius (Ant.), portucal. de sacerdotio et imperio. Olispon. 1770.

Robertson, history of Charles V. London, 1811.

—The same, the history of Scotland. London, 1759.

Robinson, histoire de l'état présent de la Suède. Amsterdam, 1720.

Roche (De la) et Arm. de la Chapelle, bibliothèque anglaise. Amsterdam, 1716 et suiv.

Rodoric. episcop. Zamoræ, speculum humanæ vitæ. Romæ, 1468.

Roi (déclaration sur les droits du). Londres, 1805.

Roma (racconto dell' accidente occorso in), etc. Montechiaro, 1671.

Romana (tesori della corte). Brusselles, 1672.

Romanæ historiæ scriptores minor. Francofurdi, 1588.

Rondinelli (Joan.) oratio in exequiis Karoli IX, reg. Gallor. Florentiæ, 1574.

Roque (De la), voyage de Syrie et du Mont-Liban. Paris, 1722.

Roscoe, vie de Léon X. Paris, 1813.

— The same, the life of Lorenzo de' Medici. Basil, 1799.

Rosweyd. de vitis patrum. Antverpiæ, 1628.

Rubeus, historia ravennatensis. Venetiis, 1572.

Ruchat (Abr.), histoire de la réformation de la Suisse. Genève, 1727.

Rufini historia ecclesiast. Mantuæ, **** — Romæ, 1740.

Ruinart (D.), acta sincera martyrum. Veronæ, 1731.

Rulhière, histoire de l'anarchie de Pologne. Paris, 1807.

Rupertus tvitiens., vita S. Heriberti, archiep. Colon. Paris, 1638.

Rusbrock (ven. patr.), doctrina eccles. de ornatu spiritualium nuptiarum. Coloniæ Agripp. 1692.

Rymer. fœderum convent. literæ et acta publica. Londini, 1709.

S

Sabellic. (M. Anton.) rerum venetarum. Venezia, 1718.

Sadoleti epistolæ. Lùgduni, 1554.

Saint-Amour, journal. Paris, 1662.

Saint-Foix, essais sur Paris (œuvres). Paris, 1778.

Saint-Simon, mémoires. Londres, 1788.

— Le même, supplément aux mémoires. Londres, 1789.

— Le même, mémoires complets. Paris, 1829.

Salmon, history of England. London, 1725.

— The same, account of transaction. London, 1723.

Salviani opera. Parisiis, 1684.

Sammarthan. (Dion.) (de Ste-Marthe) Gallia christiana. Lutetiæ Parisior. 1715.

Sanchez (Th.), de matrimonio. Antverpiæ, 1617. — Ibid. 1652.

Sanderus, de schismate anglico. Romæ, 1586.

Sandius (Christ.), bibliotheca antitrinitaria. Freistadii (Amsterdam), 1684.

— Idem, nucleus historiæ ecclesiast. Coloniæ (Amsterdam), 1676.

Sandoval, historia del emperador Carlos V. Amberes, 1681.

Sarpi (Fra Paolo), istoria del concilio di Trento. Londra, 1619.

— Il medesimo, opere varie. Helmstat, 1750.

Sauval (Henri), histoire et antiq. de la ville de Paris. Paris, 1724. — Ibid. 1733.

Saxo grammat., historia Daniæ. Francof. ad Mæn. 1576.

Scaliger. (Jos.) de emendatione temporum. Genevæ, 1609. — Coloniæ Allobrog. 1629.

— Idem, thesaurus temporum. Amstelodami, 1658.

Scaligerana (Jos. Scaliger. excerpta). Cologne, 1695.

Scarponio, vita di Savonarola. Ginevra (Firenze), 1781.

Schardius (Sim.), de jurisdictione imperiali et potestate ecclesiastica. Basileæ, 1566. — Argentorati, 1609.

— Idem, Germania antiq. illustrata. Basileæ, 1574.

— Idem, de Germania sub Carolo V. Basileæ, 1574.

Schelhorn. amœnitates litterariæ. Francofurti, 1730.

Schestrate, de sensu et auctorit. decretorum concilii constant. Romæ, 1686.

Schmidts geschichte der Deutschen. Ulm, 1778-1785.

Schram, institutio juris ecclesiast. publici et privati. Augustæ Vindel. 1774.

Seabra da Sylva (Joseph de), provas da parte segunda. Lisboa, 1768.

Secourisme (le) détruit. **** 1756.

Segni (Bernard.), istoria. Augusta, 1723.

Ségur, tableau histor. et polit. de l'Europe. Paris, an 9 (1800).

Selden. ad Eutychium alexandr. commentarius. Londini, 1642.

— Idem, de jure naturæ et gentium, juxta disciplinam Hebræorum. Argentorati, 1665.

Serarius, rerum moguntiacar. Francofort ad Mœn. 1722.

Serces (Jacq.), traité sur les miracles. Amsterdam, 1729.

Serres (de), choses mémorables sous Henri II. Dordrecht, 1595.

SextusEmpyric. contra mathematicos. Aureliaiæ, 1621.

Sigonius (Car.), de regno italico. Francofurti, 1591. — Mediolani, 1732.

— Idem, de occidentali imperio. Francofurti, 1593.

Simon (Rich.), histoire crit. des commentateurs du nouv. testament. Rotterdam, 1693.

— Le même, lettres choisies. Amsterdam, 1730.

Simonde Sismondi, histoire des républiques italien. du moyen âge. Paris, 1809.

Siri (Vittor.), memorie recondite. Ronco, 1677.

— Il medesimo, Mercurio. Casala, 1644.

Sirmond. (Jac.), concilia Galliæ. Lutetiæ Parisior. 1629.

— Idem, codex laudunens. Parisiis, 1647.

— Idem, opera varia. Parisiis, 1696. — Venetiis, 1728.

Sleidan. de statu religionis et reipublicæ commentarius. Argentorati, 1555.

— Le même ouvrage, traduct. franç. de Courrayer. La Haye, 1767.

Smolett, history of England. London, 1758.

Socinianisme (histoire du). Paris, 1723.

Spittlers grundriss der geschichte der christl. kirche. Göttingen, 1812.

Spondan. annales ecclesiast. Lutetiæ Paris. 1641. — Ibid. 1659.

Staël (Mme de), considérations sur la révolution française. Liége, 1818.

Storia dell'anno 1782. Venezia, 1783.

Stouppe, religion des Hollandais. Cologne, 1673.

Strabonis geographia, Atrebati, 1587.

Strada (Fam.), de bello belgico. Romæ, 1640.

Strahlenberg (baron de), description histor. de l'empire russien. Amsterdam, 1757.

Suarez (Fr.), defensio fidei catholicæ adversus anglicanos. Coloniæ Agripp. 1614.

— Idem, de triplici virtute theologica. Aschaffenburgi, 1622.

Suetonii Tranquilli historia romana. Parisiis, 1610.

Suidas, lexicon. Cantabrigiæ, 1705.

Suisse (essai pour une histoire des relations entre les autorités civ. et ecclésiast. de la confédération) (en allem.). **** 1816.

Sulpitii (S.) Severi opera. Lipsiæ, 1709.

Summonte, istoria di Napoli. Napoli, 1675.

Surius (Laur.), commentarius rerum in orbe gestar. Coloniæ, 1586.

— Idem, acta sanctorum. Coloniæ Agripp. 1617.

Sylvius (Æneas) (Piccolomini, Pii pap. II) historia bohemica. Basileæ, 1571.

— Idem, historia Friderici III. Argentorati, 1685.

— Idem, de moribus Germanorum. Basileæ, 1571.

— Ejusdem opera omnia. Basileæ, 1551.

Synesii opera. Parisiis, 1631.

T

Tabaraud, des sacrés cœurs de Jésus et de Marie. Paris, 1824.

Taciti (Corn.) opera. Parisiis, 1608. — Amstelædami, 1664.

Tagereau (Vinc.), discours sur l'impuissance de l'homme et de la femme. Paris, 1612.

Taja (Agost.), descrizione del palazzo vaticano. Roma, 1750.

Talon (Omer), mémoires. La Haye, 1732.

Taste (Dom la), lettres théologiques. Paris, 1740.

Taxæ cancellariæ apostol. et sacræ penitentiariæ. Romæ, 1514. — Coloniæ, 1515. — Ibid. 1523. — Parisiis, 1520. — Franeker, 1651. — Sylvæ-ducis, 1706.

Teresa de Jesus (S.), las obras. En Bruselas, 1674.

Tertulliani opera. Lutetiæ Parisior. — 1635. — Ibid. 1641. — Ibid. 1646. — Ibid. 1664.

Themistii orationes. Parisiis, 1684.

Theobaldus, bellum hussitarum. Francofurti, 1621.

Theodoret. hæreticæ fabulæ. Lutetiæ Parisior. 1608. — Ibid. 1642.

Theodori, archiep. cantuar. pœnitentiale. Parisiis, 1677.

Theodosianus (codex). Venetiis, 1728. — Lipsiæ, 1736.

Theophanis (S.) chronographia. Parisiis, 1655.

Theophylacti opera. Londini, 1636.

Thiers (J.-B.), traité des superstitions. Paris, 1741.

Thomas (S.), summa contra gentiles. Romæ, 1657.

Thomassin. (Lud.) vetus et nova ecclesiæ disciplina. Parisiis, 1688.

Thuan. (Jac.-Aug.) doctor. viror, elogia. Londini, 1671.

— Idem, historia. Londini, 1733.

Tillemont (Séb. le Nain de), histoire ecclésiast. Paris, 1693. — Bruxelles, 173*.

Tilliot (du), mémoires pour servir à l'histoire de la fête des fous. Lausanne et Genève, 1741.

Tiraboschi (Girol.), storia della letteratura italiana. Roma, 1782.

— Idem, vetera humiliatorum monumenta. Mediolani, 1766.

Toland (M.), Nazarenus. London, 1718.

Tollius (Jac.), insign. itiner. Italiæ. Trajecti ad Rhen. 1696.

Toscani (delizie degli eruditi). Firenze, 1770.

Trente (instructions et lettres des rois T. C. et de leurs ambassadeurs, concernant le concile de). Paris, 1654.

Trente (notes sur le concile de) (Mr Rossicod). Bruxelles, 1711.

Trident. (canones et decreta concilii). Romæ, 1564.

Trithem. (Johann.) monasterii hirsaugiens. chronicon. Francofurti, 1601. — S. Galli, 1690.

Tudens. (Lucas), a Gretsero edit. Ingolstad. 1613.

Twysden (Roger.), historiæ anglic. scriptores X. Londini, 1652.

U

Ughelii (Ferd.), Italia sacra. Venetiis, 1717-1733.

Ulenberg. (Gasp.) Lutheri vita. Colon. Agripp. 1622.

Ulloa (Alfonso de), vità di Carlo V. Venezia, 1574.

Urstisius, German. illustr. historia. Francof. ad Mæn. 1670.

Usserius (Jac.), de christiana ecclesia in Occid. quæst. Hanoveræ, 1658.

— Idem, Gotthescalci historia. Dublini, 1631.

Usuardi martyrologium. Antverpiæ, 1714

V

Valiero (Andr.), della guerra di Candia. Venezia, 1679.

Valori, vita del magnifico Lorenzo vecchio de' Medici. Fiorenza, 1568.

Van der Haer (Florentin.), de initio tumult. Belgii. Duaci, 1587.

Van der Noot, mémoires sur les droits des peuples. Bruxelles, 1787.

Van Espen, opera. Lovanii, 1753.

Van Meteren, histoire des Pays-Bas. La Haye, 1618.

Van Rhyn (J.-J.) Godts kerke en haar opperhoofd verdedigt. Amsterdam, 1800.

Varchi (Benedet.), storia. Colonia, 1721.

Vasari (Giorgio), storia dei pittori, etc. Roma, 1760.

Vasquez, commentarii in prim. secund S.-Thomæ. Antwerpiæ, 1620.

Vassor (Michel le), histoire de Louis XIII. Amsterdam, 1700.

Velly et Villaret, histoire de France. Paris, 1770.

Vergil. (Polydor.) Angliæ historia. Lugduni Batav. 1651.

Vérone (Franç. de) Constantin, apologie pour Jehan Chastel. **** l'an 1595.

Vertot (l'abbé), origine de la grandeur de la cour de Rome. La Haye, 1737.

— Le même, révolutions de Portugal. La Haye, 19.

— Le même, révolutions de Suède. Paris, 1695.

Victor. (Aurel.) historiæ. Basileæ, 1518. — Parisiis, 1726.

Villani (Giov.), storia. Firenze, 1587.

Vincent. bellovacens. bibliotheca mundi. Duaci, 1624.

Vineis (Petri de) epistolæ, cur. Joh. Rud. Iselio. Basileæ, 1740.

Virorum illustr. et memorabil. vitæ. Francoforti, 1536.

Vitriaco (Jacob. a) card. historia occidentalis. Duaci, 1597.

Voetius (Gilb.), selectæ disputationes. Ultrajecti, 1648.

Volaterran. (Raphael.) geographia. Lugduni, 1552.

Voltaire, œuvres. Kehl. 1785. — Paris (Baudouin).

— Le même, histoire de l'empire de Russie sous Pierre-le-Grand. **** 1765.

Von der Hardt, historia concilii œcum. constantiensis. Lipsiæ, 1700.

Vossii (Gerard. Joann.) de controversia pelagiana historia. Amstelodami, 1701.

Voyage littér. de deux bénédictins (Edm. Martène, et Ursin Durand). Paris, 1717.

W

Wadding. annales minoritarum. Romæ, 1731.

Wagenaar, vaderlandsche historie. Amsterdam, 1749.

Wagenseil, tela ignea Satanæ. Altdorfii, 1681.

Walsingham. (Thom.) hypodeigmata Neustriæ. Francofurti, 1603.

Warwick, memoirs of Charles I. London, 1701.

Watson, the history of the reign of Philip II. Basil, 1792.

— The same, history of Philip III. Basil, 1792.

Wilten (Nic.), statuts ecclésiast. La Haye, 1726.

Wolf. anecdota græca. Hamburgi, 1722.

Z

Zeltner. historia crypto-socinismi. Lipsiæ, 1744.

Zeno (Apost.), dissertationes vossianæ. Venezia, 1752.

Ziliolo (Alessand.), historie memor. Venetia, 1654.

Zonaras, in canon. synodikon. Lutetiæ Paris. 1618.

Zonaræ (J.) annales. Parisiis, 1686.

Zosimi historia. Oxonii, 1679.

Zwingerus, tractatus histor. theolog. de festo corporis Christi. Basileæ, 1696.

FIN DE LA TABLE DES AUTEURS.

TABLE ANALYTIQUE

DES

MATIÈRES CONTENUES DANS L'HISTOIRE DU CHRISTIANISME.

TOME I.

INTRODUCTION.

Pag

§ I. Utilité de cet ouvrage. j

— Opportunité de sa publication. ij

Le christianisme n'excite plus ni enthousiasme ni haine. *ib.*

Néo-catholiques. iij

— Danger de leur doctrine. *ib.*

— Ils veulent faire passer le catholicisme, à l'abri de leur philosophie qu'ils appellent *catholique*. v

Ce qu'est réellement le catholicisme. vij

— Méthode adoptée par l'auteur pour combattre ceux qui prétendent le régénérer. ix

Nous sommes aujourd'hui, envers le christianisme déchu, dans la même position où se trouvaient les premiers chrétiens envers le paganisme. x

Unité sociale. xj

— L'autorité ne saurait la produire. xi

Principe catholique. xiij

La contrainte divise les hommes. xiv

Dieu, qui nous a fait intelligens et libres, ne peut ni méconnaître notre intelligence, ni violer notre liberté. xvj

Le despotisme de l'homme sur l'homme est aussi absurde qu'inique. xvij

Cherchons, de bonne foi et librement, l'idée qui régénérera les hommes unis en société. xviij

Notes supplémentaires.

Nº 1. Impossibilité de *philosophiser* le christianisme. xx

L'empereur Julien. *ib.*

Nº 2. Les dogmes selon l'église. xxj

§ II. Premières publications de l'Auteur sur l'histoire ecclésiastique. xxv

L'histoire des premiers siècles de l'église est la plus importante. *ib.*

Pages.

Supériorité des recherches qui ont servi à l'Histoire du christianisme. xxvj

—Elles offrent, outre les faits déjà rapportés, des faits nouveaux, présentés de la même manière, dans le même but. ib.

§ III. Réfutation des objections. xxvij

Impartialité et bonne foi de l'Auteur. ib.

—Il ne partage pas les opinions et les croyances des chrétiens, et il l'avoue. xxviij

Les écrivains de l'église partent du principe qui constitue cette église *divine*. xxix

L'Auteur examine, discute, juge. ib.

—Il ne faut pas le charger des iniquités qu'il rapporte. xxx

—Pourquoi il s'attache à faire ressortir les erreurs et les crimes. ib.

Versatilité de l'église. xxxj

Les prêtres auraient dû, pour prouver la sainteté de leur doctrine et leur propre conviction, se montrer toujours meilleurs que les autres hommes. xxxij

—Leur conduite prouve, au contraire, que ce qu'ils annoncent est faux, et qu'eux-mêmes n'y croient pas. xxxv

Le christianisme s'est établi et répandu sans miracle, au moyen des vérités sociales qu'il proclamait. xxxvj

—En le soumettant à la discussion, à la critique, la raison le consolidera dans ce qu'il a de vrai, et lui substituera la vérité où elle lui est contraire. xxxvij

École moderne de philosophie, qui répudie toute hostilité contre le catholicisme. xxxix

La question catholique est encore sociale dans l'Europe presque entière. xl

Qu'est-ce que la foi? xlj

—Celle aux dogmes spéculatifs doit être traitée comme indifférente dans la société positive. xliij

Il est urgent que la philosophie déblaie le terrain, là où les ruines du christianisme l'encombrent encore. xliv

Appel à la discussion libre et bienveillante, et à l'histoire. xlvj

Le despotisme perdra la papauté. xlviij

Note supplémentaire.

Clérocratie en Belgique. xlix

§ IV. Devoirs des philosophes envers les catholiques. lij

—Anciennes idées de l'Auteur à cet égard. ib.

—Il les a réformées par la réflexion et l'expérience. liij

Pages.

—Sa profession de foi et ses principes de conduite. liij

Le droit de penser librement et de dire sa pensée, appartient aux prêtres comme aux autres citoyens. lv

C'est à leur propre détriment que les prêtres confondent le temporel avec le spirituel. lvj

Il ne faut pas imiter l'intolérance des catholiques. lvij

Toute religion basée sur la vérité et soutenue par l'opinion, triomphe; réprouvée par elle et fausse, elle s'évanouit. lviij

Les doctrines combattues par la violence, s'établissent et se propagent. lix

Le sacrifice de l'intérêt à la conviction provoque la sympathie. lxj

L'Auteur réclame pour ses adversaires les mêmes droits que ceux dont il jouit. lxij

L'erreur et la force ne sauraient rien fonder. lxiij

On ne vaincra le catholicisme qu'en éclairant et convainquant les catholiques. lxiv

§ V. Examen du christianisme. lxvj

Doctrine sociale de Jésus. lxvij

Les dogmes et le culte chrétiens sont seuls condamnables. lxviij

L'Auteur ne fait le procès qu'à l'église. *ib.*

Les hommes ont toujours abusé du christianisme. lxix

L'Auteur ne s'appesantit pas sur les questions critiques de personnes et de faits. lxx

Lors des prédications de Jésus, le despotisme romain avait comblé la mesure des iniquités sociales. lxxj

Le remède surgit de l'excès du mal. lxxij

Le Messie. *ib.*

Plusieurs messies se proclament à la même époque. lxxiij

—Ils n'en appellent qu'à la force, et succombent. lxxiv

Jésus prêche la justice, et réussit. lxxv

Les apôtres réalisent l'égalité chrétienne. lxxvij

Association des premiers chrétiens. lxxviij

—La liberté était pour elle une condition d'existence. *ib.*

—Imposée, elle eût été impossible. lxxx

L'égoïsme reprend son empire pratique. lxxxj

L'idée de dévouement demeure seule. lxxxij

Jésus ne voulait point de révolution politique brusque. *ib.*

—Voulait-il un changement de religion? lxxxiv

Les apôtres substituent la philosophie chrétienne, d'abord au paganisme, puis au judaïsme. lxxxv

Pages.

Le christianisme était un crime politique contre le polythéiste empire romain, comme l'est le carbonarisme contre les royautés chrétiennes. lxxxix

—Son Dieu, qui ne voulait pas être placé à côté des autres dieux de l'empire, Rome le répudia. xc

—Ses sectateurs, qui ne formaient pas une nation qu'elle pût soumettre, elle les proscrivit. *ib.*

La doctrine de Jésus, trouvant le monde préparé à la recevoir, et répondant à ses besoins les plus urgens, s'est propagée rapidement. xcj

La charité chrétienne survit à l'égalité fraternelle prêchée par Jésus. xciij

L'évangile, annoncé aux affligés et aux simples. xciv

—Les heureux et les sages du monde se liguent contre lui. xcvj

—En harmonie avec les sentimens du cœur humain, il renverse tous les obstacles. *ib.*

—Il rend l'homme invincible à la seule force matérielle. xcvij

Le christianisme, né système d'opposition à l'arbitraire, déchoit aussitôt qu'il devient infidèle à son origine. xcix

—Alors aussi, il prête le flanc aux attaques de la philosophie. c

—Monté sur le trône avec Constantin, il s'identifie avec le despotisme, qu'il perfectionne et fortifie. cj

Lutte entre la société religieuse et la société civile. cij

Travail d'émancipation. civ

Le christianisme devient une condition du pouvoir, une affaire de palais. *ib.*

Les hérésies, punies comme la révolte. cvj

Résistance de l'église à l'oppression civile. *ib.*

Protestantisme. cviij

Philosophie. cix

Principe de l'autorité et principe de l'examen. cx

L'examen absolu et en tout est impossible; l'autorité absolue, exclusive, est absurde. cxj

Il ne suffit pas de croire la vérité; il faut savoir que c'est la vérité qu'on croit. *ib.*

Devoir de la tolérance universelle et illimitée. cxiv

Notes supplémentaires.

N° 1. Jésus a-t-il existé? cxvj

N° 2. Effets réels de l'établissement du christianisme. cxviij

N° 3. La force, impuissante pour réformer. cxx

N° 4. Le royaume des cieux. cxxij

Pages.

N° 5. Communauté des biens et des femmes. cxxiij

N° 6. Excommunication. cxxv

N° 7. Les martyrs chrétiens étaient athées aux yeux des gentils. cxxvij

N° 8. Accusations des gentils contre les chrétiens. cxxviij

N° 9. L'esclavage. cxxix

N° 10. Le dogme catholique. cxxx

§ VI. Partie positive du christianisme. cxxxiij

Les hommes grossiers ont besoin de dogmes et de mystères. ib.

Pratiques des premiers chrétiens. cxxxv

Le merveilleux et les rites furent le corps de la doctrine dont l'idée sociale était l'ame. cxxxvj

C'est aux dogmes et aux cérémonies que le peuple se laisse prendre et s'attache. cxxxvij

Le christianisme, juif d'abord, se paganise peu à peu. cxxxviij

Le dogme et la pratique ayant envahi tout le christianisme, la philosophie commence ses attaques. cxxxix

Notes supplémentaires.

N° 1. Fin du monde. cxl

N° 2. Les mystères et les miracles n'ont été utiles que relativement. cxlij

N° 3. Les prêtres chrétiens, aussi peu raisonnables que les prêtres païens. cxliij

§ VII. La révélation. cxlv

Toute révélation positive est incertaine. cxlvj

—Elle est injuste. cxlviij

—Avec elle, plus d'égalité ni de fraternité entre les hommes. cxlix

Variations de la révélation chrétienne. cl

—L'histoire la montre se complétant pièce à pièce. ib.

La religion doit changer, pour convenir aux hommes qui changent. clj

—Le christianisme, soumis à cette loi, devait la reconnaître. ib.

Note supplémentaire.

Corrections de la bible. clij

§ VIII. Loi de transformation et de progrès. cliv

Les miracles. clv

—Ils sont impossibles. ib.

—Ils ont diminué, à mesure que les lumières augmentaient. clvj

—Prodigués à ceux qui étaient convertis ou voulaient se con-

Pages.

vertir, ils étaient toujours refusés à ceux qui les demandaient comme condition de leur conversion. clvj

La résurrection de Jésus est un fait sur lequel les apôtres pouvaient se tromper. clvij

Les imposteurs, les juifs et les païens faisaient des miracles. clix

L'Auteur rapporte les miracles sans les critiquer. clx

Note supplémentaire.

Miracles. clxij

§ IX. Le martyre. clxiv

— Il ne prouve que le courage du témoin, dont il rend probables la loyauté et la bonne foi. *ib.*

Toutes les hérésies ont eu leurs martyrs. *ib.*

Le martyr devrait, avant tout, prouver son infaillibilité. clxv

Petit nombre des martyrs. clxvj

Actes forgés par de pieux faussaires. *ib.*

§ X. La doctrine. clxviij

— Bonne, elle n'a besoin pour se soutenir, ni de martyrs, ni de miracles; mauvaise, les martyrs ne la soutiendront pas. *ib.*

Qui a le droit de proclamer quelle est la vraie doctrine? *ib.*

— La raison seule. clxx

Sources de la doctrine des chrétiens. clxxj

On ne sait rien de positif des chrétiens du premier siècle. *ib.*

Chaque troupeau avait son esprit, son histoire et ses autorités. clxxij

— Grand nombre de ces codes divins. clxxii

Les quatre évangiles. clxxiv

— Ils furent ignorés pendant plus d'un siècle. *ib.*

— Ils ne demeurèrent autorité exclusive qu'après deux cents ans. clxxv

Saint Marc a abrégé saint Matthieu. clxxvj

Saint Matthieu et saint Luc ont écrit après le sac de Jérusalem. *ib.*

Saint Jean est de beaucoup postérieur. clxxvij

Contradictions entre les quatre évangélistes. *ib.*

Les deux généalogies de Jésus. clxxviij

— Vains efforts pour les concilier. clxxix

Le Christ des chrétiens, opposé au Messie des Juifs. clxxx.

Note supplémentaire.

Le Verbe des chrétiens. clxxxij

Tous les honnêtes gens, non orthodoxes, seront damnés. *ib*

Pages.

§ XI. Les hérésies. clxxxiv
—En déterminant irrévocablement leur présent, elles tuent leur avenir. *ib.*

Le catholicisme seul s'est réservé le moyen de se réformer, mais n'a pas su l'utiliser à son avantage. *ib.*

Liberté évangélique. clxxxv

Les nazaréens. clxxxvij

Les gnostiques. *ib.*
—Les premiers, séparés de l'église comme judaïsans. clxxxix
—Les seconds, comme méprisant la loi des Juifs et son auteur. *ib.*

Les allégoristes et les anti-allégoristes. xc

Théosophie des gnostiques. xcj

Juste-milieu de l'église apostolique, entre le nazaréisme et le gnosticisme. *ib.*
—Si elle avait laissé liberté entière, elle eût été éternelle. xcij

Il ne faut jamais sacrifier l'individualité à l'unité sociale ou religieuse. xciv

L'église combat les hérétiques. *ib.*

Les gnostiques calomniés par les catholiques, comme les chrétiens l'avaient été par les gentils. xcv
—Ceux-ci avaient voulu étouffer la révolution chrétienne; ceux-là voulurent se mettre à sa tête. xcvj

C'est à la philosophie à remplir la mission à laquelle le christianisme a manqué. xcvij

Notes supplémentaires.

Nº 1. Aristocratie intellectuelle des gnostiques. xcix

Nº 2. Allégories des saintes écritures. cc

Nº 3. La gnose et le rationalisme. ccj

Nº 4. Le dokétisme. cciij

§ XII. Morale de Jésus. ccv
—Elle fait abstraction du corps, et ne concerne que l'ame humaine exclusivement. *ib.*
—Elle ne convient point à l'homme. ccvij

L'homme est aussi essentiellement matériel que spirituel. ccviij

On peut subordonner la matière à l'esprit, l'égoïsme à la justice, non supprimer la chair et les passions. ccix

Impuissance des doctrines opposées aux lois de la nature et à l'essence de l'humanité. ccx

Pages.
Jésus échoue dans ses tentatives de réforme morale. ccxiv
—Il a peut-être été mal compris par les continuateurs de son œuvre. *ib.*

Notes supplémentaires.

N° 1. Idées anti-sociales des saintes écritures. ccxvij
N° 2. Le bouddhisme et le christianisme. ccxix

§ XIII. Morale des pères de l'église. ccxxj
—Outrant la morale de Jésus, ils font du chrétien un être sans passions ni besoins, pour lequel le plaisir est un crime. *ib.*
—Exemples de la niaiserie de leurs préceptes. ccxxiij
Défendu de faire le commerce. ccxxiv
Défendu de tuer, même pour ne pas être tué. ccxxv
De prêter à intérêt. *ib.*
De redemander l'argent dû. ccxxvj
Point de théâtres. ccxxvij
Ni d'écoles de grammaire. *ib.*
Ni de jeux, etc., etc. *ib.*
Le mariage n'est que toléré. ccxxviij
Les secondes noces, coupables. ccxxix
Le mariage même, essentiellement criminel. ccxxx
Dégoût de la vie chez les chrétiens. ccxxxj
Le droit de propriété, condamné. ccxxxij
—Il ne devient légitime qu'entre les mains des fidèles. ccxxxiij
Les prêtres ne peuvent posséder. ccxxxiv
L'adultère n'est pas un crime contre la loi de nature. *ib.*
La morale de Jésus ne pouvait être utile que pour un temps. ccxxxv

§ XIV. Les gnostiques ordonnent de se soumettre à la doctrine rigoriste du maître. ccxxxvij
—La grande église en fait un conseil, non une obligation. ccxxxviij
Le christianisme subit l'influence de la civilisation. ccxxxix
—Il se dénature complètement. ccxl
—Il s'adapte à toutes les passions humaines. ccxlj
Les hérésies ne sont que des tentatives pour ramener l'église à la pureté et à la ferveur primitives. ccxlij

§ XV. Les dogmes. ccxliv
—Leur petit nombre. *ib.*
L'immortalité de l'ame et la résurrection de la chair, empruntées aux pharisiens. ccxlv

Pages.

Résurrection de Jésus-Christ. ccxlv

L'opinion philosophique de l'immortalité de l'ame, matérialisée par le christianisme, dégénère en fable populaire. ccxlvj

—Contradiction des saints pères à ce sujet. *ib.*

Le peuple s'attache exclusivement au bonheur sensuel de la vie future. ccxlvij

Comparaison des effets de la croyance en l'immortalité, chez les mahométans et chez les chrétiens. ccxlviij

—Ceux-ci, outre leurs propres jouissances, comptaient encore sur le plaisir de se venger de leurs ennemis. ccxlix

Les autres dogmes, à partir du premier concile général, envahissent la scène historique. ccl

Symbole de Nicée. cclj

—Il donne lieu aux diverses nuances de l'arianisme, à l'unitarianisme, au nestorianisme, à l'eutychianisme, au théopaschisme, au monothélisme, à la pneumatomachie, etc. *ib.*

Origine du mal. cclij

Culte des images. *ib.*

Les évêques de Constantin acceptent le passé de l'église et se l'approprient. ccliij

Ce qui suivit, fut la conséquence nécessaire des premiers erremens. *ib.*

Après Charlemagne, les rois, l'église et les réformateurs ne s'insurgèrent plus que contre le despotisme papal. ccliv

La papauté ne pouvant plus dominer, a aussi cessé d'exister. cclv

Notes supplémentaires.

Nº 1. L'aristotélisme. cclvj

Nº 2. Variations de l'église, même dans ses croyances. cclvij

Où vont les ames après la mort? *ib.*

Nº 3. Immortalité de l'ame. cclix

Nº 4. Sentimens de vengeance des premiers chrétiens. cclxij

§ XVI. Conclusion. cclxiij

L'Auteur a dit toute son opinion, sans ménagement ni réserve. *ib.*

Appel à la bonne foi, à la tolérance, à la fraternité universelle. cclxiv

Le despotisme ne saurait produire le bien, ni le religiosisme mener à la vérité. cclxv

Il faut rappeler à l'homme sa loi morale, la lui faire aimer, et le laisser la suivre librement. cclxvij

Pages.

PRÉFACE.

Plan et division matérielle de l'Histoire du Christianisme et des Églises chrétiennes. cclxix

ÉPOQUE I.

LES CHRÉTIENS ET LEURS PRINCIPAUX CONCILES, AVANT LE SCHISME ENTRE L'ÉGLISE GRECQUE ET L'ÉGLISE LATINE.

LIVRE I. — CONCILES DES APOTRES. 1

Chapitre I. Variations dans les dogmes dont se compose la croyance chrétienne. 1
Prétention de l'église à l'immutabilité. 2
Judas. 3
Premier concile des apôtres. 5
Élection par le sort. *ib.*
Les apôtres sont blâmés par la plupart des écrivains ecclésiastiques. 6

Note supplémentaire.

Frères et sœurs de Jésus. 10
Virginité de Marie. *ib.*
Histoire de Jésus, d'après les écritures dites *apocryphes* et les Juifs. 16

Chapitre II. Les disciples du Christ se multiplient. 29
Plaintes des juifs grecs qui se prétendent lésés dans la distribution des secours par les juifs hébreux. *ib.*
Second concile des apôtres. 30
Nomination de sept diacres. *ib.*
—Leur emploi. *ib.*
—Leur nombre canonique. *ib.*

Note supplémentaire.

Droit primitif de tous les fidèles, de participer aux élections. 32

Chapitre III. Les gentils, en embrassant le christianisme, doivent-ils aussi se faire juifs? 34
Conduite de Jésus. 36
Hésitations et variations des apôtres. *ib.*
—Ce n'est que forcément qu'ils prêchent l'évangile aux gentils. 38
Saint Paul et saint Barnabé. 39

Pages.

Troisième concile des apôtres. 40

Saint Pierre. 41

Saint Jacques résume les décisions de l'assemblée. 42

Défense de manger du sang et des idolothytes, et de se rendre coupable de fornication. ib.

Saint Paul se borne à défendre le scandale. 45

Les décrets apostoliques tombent en désuétude. 46

Les concubines sont-elles permises par l'église? ib.

Concile de Tolède. 47

Notes supplémentaires.

N° 1. Idolothytes. 49

Viandes étouffées, et sang des animaux. 50

Violation des préceptes apostoliques. 51

N° 2. Concubines. 52

Chapitre IV. Violation des décisions apostoliques par les apôtres eux-mêmes. 55

Dispute entre saint Pierre et saint Paul. 56

Saint Pierre, fondateur d'une hérésie. 57

Quatrième concile des apôtres. 58

Abrogation, par l'église apostolique, des décrets apostoliques. 59

Liberté évangélique. 60

Intolérance. 61

Abolition du mosaïsme. ib.

L'église sans lois et sans préceptes. 62

—Simplicité et petit nombre de ses dogmes. 63

Notes supplémentaires.

N° 1. Dispute entre saint Pierre et saint Paul. 67

N° 2. Abolition des préceptes lévitiques par les chrétiens. 69

Argumens du manichéen Fauste contre saint Augustin et ses coreligionnaires. 73

N° 3. Sectes juives, lors de la naissance du christianisme. 80

LIVRE II. — CONCILES SUR LA CÉLÉBRATION DE LA PAQUE.

Chapitre I. Le christianisme, en contradiction avec lui-même. 83

Les apôtres n'ont point laissé de symbole. 85

Pages.

Sectes et hérésies opposées à la prétendue catholicité de la grande église. 86

Les cérémonies du culte, et non les dogmes; sont le sujet des conciles des trois premiers siècles. 87

Simon-le-Magicien, les gnostiques, les montanistes, etc. 88

L'importance donnée aux dogmes ne date que du quatrième siècle. 91

Note supplémentaire.

Symbole des apôtres. 93

Canons d'un prétendu cinquième concile apostolique. 95

Voyage de saint Pierre à Rome. *ib.*

Papauté. *ib.*

Chapitre II. Disputes sur le temps de célébrer la Pâque. 96

Victor, évêque de Rome, veut faire adopter généralement les habitudes de son église. 97

Conciles qui se contredisent sur la question de la Pâque. 98

Lettre sensée de Polycrate, évêque d'Éphèse, opposé à Victor. 100

Victor excommunie Polycrate et les églises d'Asie. 101

Saint Irénée, évêque de Lyon, blâme l'évêque de Rome de son manque de tolérance et de charité. 103

Note supplémentaire.

Variations dans la discipline de l'église. 106

Chapitre III. Schisme entre l'Orient et l'Occident. 108

Les quartodécimanes. 109

—Leurs subdivisions. 110

Constantin, non encore baptisé, décide le différend. 111

Concile général de Nicée. 112

Concile des novatiens sur la question de la Pâque. 113

—Prudente tolérance de ces hérétiques. 114

Les quartodécimanes, persécutés avec les novatiens et les ariens, par le patriarche catholique Nestorius. 116

Note supplémentaire.

Sabbatius. 118

LIVRE III. — Les Novatiens.

Chapitre I. Persécutions des gentils. 120

—Elles servirent puissamment la cause du christianisme. 122

Pages.

L'opinion générale est contraire aux chrétiens. 124

—Pourquoi ceux-ci étaient persécutés. *ib.*

Calomnies populaires. 125

Acharnement des Juifs. 129

Haine des philosophes et des prêtres polythéistes. 130

Insolence des chrétiens. *ib.*

Les six premières persécutions furent légères. 131

Récompenses promises aux martyrs. 133

—Petit nombre de ceux-ci. 135

Les empereurs païens, calomniés par les écrivains chrétiens. 136

Notes supplémentaires.

N° 1. Les chrétiens suppliciés pour avoir brisé les idoles, ne sont pas des martyrs. 139

N° 2. Millénarisme. 140

Le christianisme, doctrine de liberté et d'égalité. 142

N° 3. Les seuls tyrans ont été persécuteurs. 144

Chapitre II. Septième persécution. 145

Le christianisme sort de son abaissement primitif. 146

Grand nombre de renégats sous Décius. 147

Orgueil et insubordination des confesseurs. 148

Sollicitude de l'évêque saint Cyprien. 151

Le prêtre Novat refuse tout pardon aux *lapses*. 153

—Novatien, professant le même rigorisme, est élu évêque de Rome en même temps que Corneille. 154

—Saint Cyprien ne reconnaît que ce dernier. 157

Un concile à Carthage autorise l'indulgence pour les renégats. 159

—Un autre, à Rome, excommunie les novatiens. 160

Concile anti-novatien à Antioche. *ib.*

Persécution nouvelle, et son effet. 161

Communion du lapse Sérapion. 163

Notes supplémentaires.

N° 1. Martyrs malhonnêtes gens. 165

N° 2. Sévérité de l'église primitive envers les clercs. 166

Chapitre III. Progrès du novatianisme. 168

Catholiques professant les idées novatiennes. *ib.*

Pages.

Les novatiens persécutés par les ariens, avec les consubstantialistes. 174

—Persécutés par ceux-ci, redevenus dominans. 176

Indulgence politique des chefs de l'église catholique. 177

Tendance du christianisme primitif à l'inflexibilité novatienne. 178

Canons novatiens d'un concile catholique. 181

Autorités et conciles catholiques postérieurs, blâmant cette rigueur excessive. 183

L'hérésie fait le dogme. 187

Les pénitenciers particuliers, substitués à la confession publique. 188

La confession secrète est abolie par l'église catholique. 189

—Ce qui donna lieu à cette réforme. 190

Notes supplémentaires.

N° 1. Miracles. 193

Obsessions et possessions. 197

Exorcismes. 198

N° 2. Novatianisme des catholiques, après leurs querelles avec les novatiens. *ib.*

TOME II.

LIVRE IV. — Baptême des Hérétiques.

Chapitre I. Saint Cyprien tolérant ou intolérant, suivant les circonstances. 2

Le christianisme primitif, sans hiérarchie. 3

Les prêtres égaux aux évêques. 5

Les évêques égaux entre eux, chacun gouvernant son troupeau sans contrôle. *ib.*

Point d'évêque supérieur, d'évêque des évêques. 8

Les hérésies sont puisées aux sources du christianisme. 11

Église de Rome, ignorante et barbare. 12

Le baptême est de nécessité pour un chrétien. 14

—Faut-il le conférer aux enfans nouveau-nés? 15

Le baptême dégénère de sa première simplicité. 16

—Il est valable, quoique administré par les hérétiques. *ib.*

Notes supplémentaires.

N° 1. Égalité des évêques et des prêtres. 19

Pages.

N° 2. Le baptême est-il une condition indispensable du salut éternel? 21
N° 3. Nudité absolue des néophytes, hommes et femmes. 22

Chapitre II. L'église reconnaît la validité du baptême des hérétiques. 25
—Un concile à Carthage le rejette comme nul. 26
—Trois conciles d'Afrique font de même. 27
—Saint Cyprien les soutient de toute son autorité. 28
—Conciles orientaux dans le même sens. 31
L'évêque de Rome excommunie l'Orient et l'Afrique. 32
Modération de saint Cyprien. 35
—Il blâme fortement l'évêque de Rome. 37
—Saint Firmilien le condamne plus durement encore. 39

Chapitre III. Saint Cyprien meurt dans l'hérésie. 42
— Conversion des autres évêques africains. 43
L'église universelle embrasse l'opinion de celle de Rome. 44
—Elle change, et revient à l'opinion de saint Cyprien. *ib.*
Témoin les conciles de Nicée, de Laodicée et de Constantinople. 45
Saint-Hilaire, saint Athanase et saint Basile. 46
Les canons des apôtres. 49
—Condamnés par Gélase, évêque de Rome, comme apocryphes. 51
—Ils sont fort remarquables par leur antiquité. 54
Constitutions apostoliques. *ib.*
—Elles sont condamnées par l'église grecque. 55

LIVRE V. — PAUL DE SAMOSATES.

Chapitre I. Silence louable des apôtres sur la nature de la divinité de Jésus. 57
—Ils auraient dû néanmoins dire clairement s'ils le croyaient Dieu. 59
La mission divine de Jésus est admise sans contestation par l'église. 60
—Sa divinité y fut généralement rejetée pendant deux siècles. 61
—Les ébionites et cérinthiens, Carpocrate, Artémon, Théodote et Béryllus la nient. 62
—Paul, évêque d'Antioche, fait de même. 63
—Il est absous par un concile. 65
—La reine Zénobie, juive de culte, le protége. 66

Pages.
—Un second concile le condamne et le dépose. 67
—Caractère et mœurs de Paul, d'après les catholiques. 69

Note supplémentaire.

Les ébionites. 73
Les cérinthiens. *ib.*
Carpocrate. *ib.*
Artémon. 74
Théodote. *ib.*

Chapitre II. L'évêque Paul permet à son clergé d'avoir des maîtresses. 75
Les apôtres avaient des *sœurs*, compagnes ou aides. *ib.*
Femmes *introduites*, ou concubines des prêtres. 77
—Les conciles en défendent l'usage. *ib.*
—Elles sont condamnées par les pères de l'église. 78
Aurélien chasse Paul d'Antioche. 81
Les deux dogmes, celui de l'unité de Dieu et celui de la divinité de Jésus, sont inconciliables. 83

Notes supplémentaires.

N° 1. Apôtres mariés. 86
N° 2. Opinion de saint Cyprien sur les femmes. 87
Maîtresses des prêtres. *ib.*

LIVRE VI.—Les Donatistes.

Chapitre I. Dixième persécution. 89
Relâchement et corruption des chrétiens. 90
—Témoignage de l'évêque historien Eusèbe. 91
Dioclétien. 95
Les chrétiens livrent les écritures aux gentils. 96
L'église primitive cachait soigneusement ses mystères. 99
—Surtout ceux du baptême et de la communion. *ib.*
Les écritures de chaque troupeau de fidèles, en contradiction avec celles d'un autre troupeau. 102
Puissance magique des cérémonies et des formules sacramentelles du christianisme. 103
—Cette mysticité cabalistique se perpétue. 106

Notes supplémentaires.

N° 1. Mœurs des chrétiens. 109

Pages.
No 2. Saints hérétiques. 110
No 3. Multiplicité des autorités chrétiennes. 112

Chapitre II. Le peuple refuse des évêques *traditeurs*. 120
Concile de Cirte. 121
Crimes de Purpurius, primat de Numidie. 122
Les pères de Cirte, tous traditeurs, s'absolvent mutuellement. *ib.*
Faiblesse de l'évêque Mensurius, évêque de Carthage. 124
Lucille. 125
Cécilien succède à Mensurius. *ib.*
—Il est condamné comme traditeur par le concile de Carthage. 127
Majorin, ami et protégé de Lucille, lui est substitué. *ib.*
Les donatistes. *ib.*
—Leur rigorisme. 128

Chapitre III. Les donatistes en appellent à Constantin. 130
—L'empereur leur envoie des juges à Rome. 131
—Ils sont condamnés, mais peu sévèrement. 134
Cécilien est rendu à son siége. 135
Nouvel appel des donatistes. *ib.*
—Leur condamnation confirmée à Arles. 137
—Et à Milan. *ib.*
Commencement des persécutions contre les donatistes. 138
—Ils tiennent un concile nombreux en Afrique. 139
Violences macariennes. 140
Les donatistes circoncellions se vengent d'une manière atroce. 141
—L'empereur Julien rend la paix à leur église. 142
—Ils continuent à sévir contre les catholiques. *ib.*
Pièces que les catholiques accusent les donatistes d'avoir fabriquées contre eux. 144

Note supplémentaire.

Intolérance persécutrice. 146
Saint Augustin se contredit au point de prêcher la tolérance. 150

Chapitre VI. Orthodoxie des donatistes. 152
—Ils rebaptisent les traditeurs. 153
—On les a faussement accusés d'arianisme. 154
—Leurs schismes. 155
Les maximianistes. *ib.*

Pages.

Nouvelles persécutions des empereurs contre les donatistes, à la sollicitation des catholiques. 156

Saint Augustin préconise la violence de ses co-religionnaires contre les donatistes. 157

— On emploie la ruse pour les attirer. 158

Grande conférence entre les donatistes et les catholiques. 159

— Ceux-ci sont déclarés vainqueurs. 161

Lois contre les donatistes. Ib.

— Ils protestent contre le jugement prononcé à la conférence. 162

Les donatistes sont enveloppés avec les catholiques dans la proscription arienne. 163

LIVRE VII. — Les Ariens.

Chapitre I. Les empereurs chrétiens perdent leur couleur historique. 165

La direction de l'opinion passe aux mains du clergé. 166

Partialité des écrivains de cette époque. 168

Bientôt il ne suffit plus d'être chrétien, il faut encore être orthodoxe. ib.

Décadence de l'empire romain. 169

Concile de Nicée. ib.

Zèle de Constantin pour le christianisme. ib.

Licinius comparé à Constantin par les chrétiens. 174

Autorité de Constantin, encore païen, sur l'église. 176

— Il ne se fait baptiser qu'au moment de mourir. 178

— Il avait été, pendant sa vie, souverain pontife des dieux de Rome. ib.

Notes supplémentaires.

N° 1. Abus des priviléges accordés au clergé. 181

N° 2. Prosélytisme de Constantin. 182

Liberté des cultes. ib.

Labarum. 183

N° 3. Licinius calomnié par les chrétiens. ib.

N° 4. Sans être chrétien, Constantin donne des décisions sur le dogme chrétien, catéchise les chrétiens, participe aux mystères des chrétiens, est honoré de visions miraculeuses, et déclaré bienheureux de son vivant. 184

N° 5. Constantin, païen de fait et chrétien de désir. 185

Pages.

Chapitre II. Pourquoi Constantin convoque le concile de Nicée. 188

Arianisme. ib.

Différends sur la Pâque. 189

Schisme de l'évêque Mélèce. ib.

Donatistes d'Afrique. 190

Christianisme platonicien, à Alexandrie. 191

Saint Clément. ib.

Saint Denis. ib.

Origène. ib.

Arius. 192

—Opinions de ce sectaire. ib.

—Elles n'étaient pas nouvelles dans l'église. ib.

—L'évêque Alexandre les combat. 194

—Il condamne Arius. 195

Progrès de l'arianisme. ib

Notes supplémentaires.

N° 1. Mélèce. 197

N° 2. Arianisme anté-arien. 198

Chapitre III. Constantin veut concilier les deux partis. 204

—Lettre remarquable de cet empereur à l'évêque Alexandre. 205

L'uniformité des opinions est impossible. ib.

Danger des disputes oiseuses. 207

La tolérance et la charité sont des devoirs. 208

Conciles à Alexandrie, sans résultat. 211

—Autres dans l'Orient, favorables à Arius. 212

Alexandre écrit à toutes les églises contre son adversaire. ib.

Les chrétiens se divisent en tous lieux. 213

Plaintes d'Arius. 214

Déclaration d'Eusèbe de Nicomédie. 216

Formule de foi des nouveaux ariens. ib.

Chapitre IV. Célébration du concile de Nicée. 218

Petit nombre des évêques qui croient en la divinité du Christ. 219

Confusion et désordre, dès l'ouverture du concile. 221

Humilité de Constantin. 222

Querelles personnelles des pères. 224

—Constantin réussit à les calmer. 225

Pages.
Saint Athanase. 226
Consubstantialité. ib.
Symbole de Nicée. 227
Anathèmes. ib.
Opposition arienne. ib.
Épître synodique. 229
Constantin maintient les décisions du concile. 230

Notes supplémentaires.

N° 1. Pas un sixième des évêques appelés à Nicée ne croyait à la divinité de Jésus-Christ. 233
N° 2. Le mot *consubstantiel*. 234
N° 3. L'évêque historien Eusèbe cherche à faire excuser son orthodoxie. 236

Chapitre V. Mariage des prêtres. 237
—Il est soutenu comme canonique par le martyr Paphnuce. 239
—Le concile de Nicée le déclare permis. ib.
Canons disciplinaires. 240
Signature des actes. ib.
Banquet impérial. 241
Exhortations de Constantin aux évêques. ib.
Le concile de Nicée fonde le christianisme dogmatique, intolérant et dominateur des siècles suivans. 242

Note supplémentaire.

Mariage des prêtres. 243
Excellence de la virginité. 247

Chapitre VI. Importance qu'acquièrent les disputes théologiques. 249
—Leur danger, quand l'opinion du pouvoir qui s'en mêle est susceptible de changement. 250
Constantin sévit contre les ariens. 252
—Il les rappelle auprès de lui. 255
Saint Athanase, évêque d'Alexandrie. 256
—Il est en butte aux attaques des ariens. 258
Fermentation sourde dans tout l'Orient. 259
Le concile d'Antioche dépose Eustathe, évêque de cette ville et ardent consubstantialiste. 260
—Troubles à ce sujet. ib.

Pages.

Paulin succède à Eustathe, en dépit des canons de l'église. 261

Notes supplémentaires.

N° 1. Lois de Constantin contre les hérétiques. 263

N° 2. Eustathe, évêque d'Antioche. 264

N° 3. Translations d'évêques d'un siége à un autre. 265

Chapitre VII. Embûches tendues à saint Athanase. 267

—Il est accusé par les ariens. 269

Concile de Tyr. 270

Saint Athanase confond ses accusateurs. 272

—Il est condamné. 275

Arius présente sa profession de foi à Constantin. 276

—Le concile de Jérusalem réhabilite le sectaire. 277

Constantin évoque la cause de saint Athanase à Constantinople. 278

Saint Athanase est exilé. 279

Le consubstantialiste Marcellus, condamné comme sabellien. 280

Troubles à Alexandrie, à la rentrée d'Arius. 281

Arius est appelé à Constantinople. 282

—Il meurt. 283

Mort de Constantin. 284

—L'évêque arien, Eusèbe, le baptise. 286

Note supplémentaire.

Crimes de Constantin. 287

Chapitre VIII. Constance, fils de Constantin, anti-consubstantialiste. 291

—Constant et Constantin-le-Jeune, ses frères, anti-ariens. *ib.*

Constantin renvoie saint Athanase à Alexandrie. 292

La manie de la controverse s'empare de tout l'Orient. 293

Élection tumultueuse de Paul, évêque de Constantinople. 295

Saint Athanase, accusé des troubles d'Alexandrie. 296

Concile à Constantinople, qui dépose Paul et lui substitue Eusèbe de Nicomédie. 297

Eusèbe préside un concile à Antioche. *ib.*

— Saint Athanase y est déposé. 298

Symbole de foi mi-arien, mi-consubstantialiste. 300

Note supplémentaire.

Économie de l'église, adroitement exploitée par les évêques de Rome, au profit de leur ambition. 303

Pages.

Chapitre IX. Excès commis à Alexandrie par l'évêque arien Grégoire. 308
Émeute sanglante à Constantinople. 309
L'Occident se prépare à combattre l'arianisme. 310
Concile à Rome. 311
—On y rend leurs siéges aux évêques orientaux déposés. 313
Prétentions de Jules, évêque de Rome. *ib.*
—Le concile d'Antioche les repousse. 314
—Jules condamne les Orientaux. 315
—Vaines tentatives de conciliation. 316
Nouveaux désordres à Constantinople et à Alexandrie. *ib.*
Fuite de saint Athanase. 317
Symbole de foi, consubstantialiste dans le fond, arien dans la forme. 318
Les Occidentaux rejettent toutes formules autres que celle de Nicée. 319

Chapitre X. Les deux empereurs convoquent un concile à Sardique. 321
—Minorité des évêques d'Orient. 322
—Scission des pères avant leur réunion. 323
Les Occidentaux restés à Sardique, replacent les consubstantialistes déposés sur leurs siéges. *ib.*
—Ils anathématisent les Orientaux. 325
—Ceux-ci, assemblés à Philippopolis, rédigent un symbole. *ib.*
—Portraits qu'ils tracent des évêques consubstantialistes d'Orient. 327
—Leurs reproches aux Occidentaux. 329
—Ils les excommunient. *ib.*
—Et confirment les sentences contre saint Athanase, Paul, Marcellus, etc. 330
Les Occidentaux, fidèles à la lettre du symbole de Nicée. 331
—Ont-ils émis une nouvelle formule à Sardique? 332
Épître synodique. 333
Schisme réel entre l'Orient et l'Occident. 334

Chapitre XI. Les hérésies sont des efforts pour rendre le dogme religieux moins déraisonnable. 336
Le consubstantialisme confondu avec le sabellianisme par les ariens, que les consubstantialistes accusent de trithéisme. 337
Le semi-arianisme, religion de l'Orient. 338
Arianisme pur. *ib.*
Saint Athanase et Paul, efficacement protégés par l'empereur d'Occident. 339

Pages.

Intrigues des ariens. 340
Constance rappelle Paul et Athanase. 341
—Sa conduite loyale envers eux. 342
Saint Athanase demande la liberté des cultes. 343
—Il prêche en tous lieux le consubstantialisme, fait des conversions et trouble les églises. 344
—Les ariens l'accusent. 347
—Constance sévit contre lui et les autres consubstantialistes. ib.
Persécutions et cruautés de l'évêque Macédonius. 348
—Le gouvernement le seconde. ib.
—Georges de Cappadoce l'imite. 349

Note supplémentaire.

Léonce, évêque d'Antioche. 351
Il se châtre par amour. ib.
Était-il arien ou consubstantialiste? ib.

Chapitre XII. Concile de Sirmium ou Sirmich. 353
L'évêque Photin, condamné comme sabellien. ib.
Symbole semi-arien de Sirmium. 354
—Autre symbole d'un arianisme plus prononcé. 356
—Osius de Cordoue le signe. 357
—Le sabellien Photin le repousse. 358
Le second symbole de Sirmium supprimé par Constance, à la demande des évêques. 359
Les évêques Ursace et Valens abjurent l'arianisme. 360
Constance, empereur d'Orient et d'Occident, impose le semi-arianisme à tous ses sujets. ib.
Libère, évêque de Rome, résiste et est exilé. 361
—Il embrasse l'arianisme et est rappelé. 363
Deux évêques à Rome. 365
Conciles d'Arles, de Beziers et de Milan. 366
Saint Athanase, point de mire des ariens. 368

Chapitre XIII. Arianisme primitif. 370
Aèce. ib.
—Il prêche la différence absolue du Père et du Fils. 371
—Les semi-ariens l'accusent. 373
Lutte entre les ariens purs et les semi-ariens. 375
—Concile de ces derniers à Ancyre. 376
Constance sévit contre les ariens. 377

Pages.

Missions semi-ariennes. 379
Découragement des consubstantialistes. ib.
Constance convoque un concile général à Nicomédie. 380
—Il le transfère à Rimini pour les Occidentaux, et à Séleucie pour les Orientaux. 381
Résistance des consubstantialistes aux semi-ariens, à Rimini. 382
Ursace et Valens, de nouveau semi-ariens. 384
Les semi-ariens condamnés. 385
Députation des consubstantialistes à Constantinople. 386
—Constance refuse de les recevoir. 387
Ursace et Valens, chargés par l'empereur de faire triompher le semi-arianisme. 388
Le concile de Rimini obéit à la cour. ib.
Les députés consubstantialistes confirment leur semi-arianisme au concile de Nice. 389

Notes supplémentaires.

N° 1. Eustathe de Sébaste. 392
Concile de Gangres. 393
Vertus exagérées et fausses des chrétiens. ib.
Conseils évangéliques. 395
N° 2. Symbole de Rimini. 396
Descente de Jésus aux enfers. ib.
Chicanes des catholiques. 397

Chapitre XIV. Lutte entre les semi-ariens et l'opposition arienne. 399
Macédonius, évêque de Constantinople, persécute cruellement les consubstantialistes. ib.
—Émeute sanglante contre lui. 401
Concile de Séleucie. ib.
—Rupture entre les pères. 402
Acace de Césarée. 405
—Il propose une formule semi-arienne. ib.
—Une autre lui est opposée. 407
Désordre de l'assemblée de Séleucie. 409
Plaintes des acaciens. 410
Concile à Constantinople. 411
Aèce condamné. 412
Proscription du mot *substance* et de ses dérivés, appliqués à Dieu. ib.
Crimes reprochés aux évêques déposés, par le concile. 414

Pages.

Atrocités semi-ariennes. 415

Divisions des fidèles d'Antioche. 416

Eunome et l'anoméisme. 418

—Concile à Antioche contre cette sécte et le consubstantialisme. 420

—L'anoméisme l'emporte. 421

Les apollinaristes. 423

—Leurs opinions. *ib.*

Mort de Constance. 424

Notes supplémentaires.

N° 1. Le juste-milieu arien triomphe, *par ordre*, de l'arianisme primitif. 427

N° 2. Apollinaire et ses disciples. 428

Chapitre XV. Julien, empereur. 429

—Il était fanatique et intolérant. 430

—Il se fait sectaire polythéiste. 431

Le christianisme ne pouvait plus être aboli. 433

Julien rouvre les temples des dieux. 434

—Il rappelle les consubstantialistes et les ariens exilés. 435

Les chrétiens et les gentils se harcèlent. *ib.*

—Attaques plus ouvertes et massacres. 436

L'empereur disserte. 438

Saint Athanase remonte sur le siége d'Alexandrie. 439

Prosélytisme des consubstantialistes. 440

Lucifer, le calaritain. *ib.*

Concile d'Alexandrie. 441

—Il apppouve la croyance en une, aussi bien que celle en trois hypostases dans la sainte Trinité. *ib.*

Désordres dans l'église d'Antioche. 442

Secte des lucifériens. 443

Saint Hilaire prêche le consubstantialisme en Italie. 444

—Lucifer l'excommunie. 445

Conciles et variations des semi-ariens. *ib.*

Assemblée arienne à Antioche. 446

Dissention entre les aétiens et les anoméens d'Eudoxe. 447

Notes supplémentaires.

N° 1. Julien combat les chrétiens par les chrétiens. 449

Sa philosophomanie. *ib.*

Pages.

N° 2. La sainte Trinité, est-ce une essence en trois substances, ou une substance en trois personnes? 450

Chapitre XVI. Lutte entre les chrétiens et les gentils. 452
—Les premiers, préférant la persécution à la simple tolérance, poussent à une rupture. 453
—Julien les vexe de toutes les manières. 454
Saint Athanase, chassé d'Alexandrie. 456
Les chrétiens s'arment et se défendent. *ib.*
Apollon refuse de prononcer des oracles. 457
Tumulte. *ib.*
Le temple d'Apollon est incendié. 458
—Les chrétiens accusés et punis. *ib.*
Julien est tué à la guerre contre les Perses. 459
Jovien. 460
—Consubstantialiste, il laisse pleine liberté à toutes les autres sectes. 461
Acace se fait de la religion du prince, au concile d'Antioche. 462

Notes supplémentaires.

N° 1. Persécutions sous Julien. 465
Tentatives de cet empereur pour relever moralement le paganisme. *ib.*
N° 2. Dans le système chrétien, les dieux de l'ancienne religion étaient les diables de la nouvelle. 466

Chapitre XVII. La tolérance du consubstantialiste Valentinien fait triompher le consubstantialisme dans l'Occident. 469
L'intolérance de l'arien Valens dans l'Orient y perd l'arianisme. 470
Concile des macédoniens à Lampsaque. 472
—Valens les envoie en exil. 473
Les macédoniens, réunis aux consubstantialistes, adoptent le symbole de Nicée. 474
—Ils rentrent dans la communion de Libère, évêque de Rome. 475
—Trente-quatre évêques orientaux refusent d'adhérer à cette réconciliation. 476
Les ariens eudoxiens se séparent des ariens eunomiens. *ib.*
Saint Athanase prend la fuite, et est rappelé à Alexandrie. 478
Concile consubstantialiste à Rome. *ib.*
—Il étend la consubstantialité au Saint-Esprit. 479
—Le concile d'Illyrie fait de même. 480

Pages.

— Valentinien notifie leurs décisions aux églises d'Asie. 480
Il est ordonné de rendre le plus possible les évêchés héréditaires. 482

Chapitre XVIII. Progrès du schisme apollinariste. 483
— Vitalis l'embrasse. 484
L'église de Rome accueille Vitalis. 485
Le magistrat païen Ambroise devient évêque de Milan. ib.
La succession de Libère ensanglante les églises de Rome. 486
Persécutions d'Eudoxe. 488
— Les consubstantialistes résistent à main armée. ib.
Cruautés ariennes. 489
Conversions consubstantialistes. 490
Mort de saint Athanase. ib.
— Pierre, son successeur, déposé par les ariens. 491
— Atrocités qui en sont la suite. ib.
L'anoméisme triomphe dans l'Orient. 493
— On y décrète un nouveau baptême pour ceux qui se convertiraient à l'arianisme. ib.
Valens rallentit les persécutions. 495

Note supplémentaire.

Les montanistes protégés par l'évêque de Rome. 498
Leurs principes. 499

Chapitre XIX. Les empereurs, sous le rapport religieux. 500
— Constantin. ib.
— Constance. 501
— Julien. 502
— Valentinien et Valens. ib.
Tolérance presque générale de Gratien. 503
Théodose proscrit dans l'Orient tous les chrétiens non consubstantialistes. 504
Concile macédonien en Carie. 505
Trois évêques consubstantialistes à Antioche. 506
— L'église de Rome en reconnaît deux. 507
Le pouvoir veut rétablir la concorde, et il détermine le schisme. 508

Notes supplémentaires.

N° 1. Influence du gouvernement sur l'arianisme. 510

Pages.

N° 2. Vicissitudes de l'église d'Antioche. 511

Superbe de celle de Rome. 512

Chapitre XX. Second concile œcuménique. 514

Le philosophe Maxime et saint Grégoire de Naziance, simultanément évêques orthodoxes de Constantinople. ib.

Saint Grégoire donne sa démission. 515

Le concile général substitue Nectaire à Maxime. 517

Les macédoniens passent à l'arianisme. ib.

Symbole de Constantinople. 518

Toutes les hérésies, anathématisées. 520

Réglemens disciplinaires. ib.

Théodose confirme les décisions synodales. 521

L'évêque de Rome accepte les décrets des Orientaux. 522

—Il les invite à un concile général. 523

—Ils déclinent cette invitation. ib.

Un siècle après, l'église de Rome met en doute l'œcuménicité du concile de Constantinople. 526

Efforts de Théodose pour rétablir l'unité chrétienne. ib.

—Il proscrit toutes les sectes non trinitaires-consubstantialistes. 527

—Il met hors la loi les sectaires qui se réunissent. 528

Haine religieuse. ib.

La persécution est restreinte aux seuls eunomiens. ib.

Fin de la division épiscopale de l'église consubstantialiste d'Antioche. 529

Notes supplémentaires.

N° 1. Saint Grégoire, évêque coadjuteur, désigné et transféré, malgré les canons. 532

Sa haine contre Maxime, son rival. ib.

N° 2. L'église de Rome se forge des titres à la suprématie. 533

Chapitre XXI. Bigamie de Valentinien, non condamnée par l'église. 535

—Justine, sa seconde femme, veut rétablir l'arianisme dans l'Occident. ib.

Persécution des gentils par Théodose. 536

Les chrétiens attaquent avec violence; les païens se défendent avec vigueur. 538

Troubles et massacres à Alexandrie. 539

Combat théologique en Syrie. 540

Pages.

Voies de fait entre des processions catholiques et des processions ariennes. 542

Un évêque macédonien se fait catholique pour continuer à gouverner son troupeau, auquel aussi il fait embrasser l'opinion régnante. 543

Nestorius réduit les ariens au désespoir. 544

—Il sévit contre les macédoniens. *ib.*

Subdivisions ariennes, eunomiennes et macédoniennes. 545

L'arianisme disparaît, dans l'Orient, devant des opinions plus vivaces par leur nouveauté. 546

Les conquérans de l'Italie, ariens et tolérans. 547

Ceux de l'Afrique, ariens et persécuteurs. 548

Modération des Goths et des Lombards. 549

Théodoric, arbitre agréé par deux évêques de Rome. 550

—Lutte sanglante entre ces prétendans. 551

—Un concile convoqué par Théodoric termine ces troubles. 552

Théodoric envoie l'évêque de Rome demander à Constantinople la fin des persécutions contre les ariens. *ib.*

—L'évêque, au contraire, excite les Grecs à continuer les persécutions. 553

Le roi des Bourguignons refuse d'embrasser le catholicisme. 554

Tolérance des Goths espagnols. 555

Lombards ariens. *ib.*

Notes supplémentaires.

N° 1. Le catholique Valentinien, bigame. 557

Dissolubilité du mariage, pendant les huit premiers siècles de l'église. 558

N° 2. Lois des empereurs chrétiens contre le paganisme. 564

N° 3. Valentinien. *ib.*

Théodose et saint Ambroise. *ib.*

Cruautés exercées par les chrétiens sur les païens. 565

N° 4. Miracles anti-ariens. 566

Pages.

TOME III.

LIVRE VIII. — Les Priscillianistes.

Chapitre I. Tendance du christianisme vers la mysticité. 1
—Ceux qui s'y laissent entraîner, sont déclarés hérétiques. 2
Gnosticisme. ib.
Voyans et croyans. 4
Les gnostiques, calomniés par les catholiques. ib.
Corruption du gnosticisme. 6
Sectes gnosticiennes. 7
—Leurs dogmes. 8
—Leurs crimes. 10
Les caïnites. 12
Le gnosticisme se propage au loin. 13
—Il est prêché par les femmes. 14
Prêtresses, diaconesses et vierges, chez les catholiques. 15
Rigueurs religieuses contre les gnostiques. ib.

Notes supplémentaires.

N° 1. Simon, Ménandre, Ébion, Prodicus, Nicolas, Cérinthe, Saturnin, Basilidès, Carpocrate, Cerdon, Valentin, Marcion et les gnostiques. 17
N° 2. Les Éons. 20
Marcion par Tertullien. ib.
N° 3. Résurrection de la chair. 21
N° 4. Kataphryges. 22
Montan. 23
N° 5. Prêtresses, diaconesses, vierges consacrées. 24
Mœurs dissolues des vierges, et peines que l'église prononce pour les réformer. 28

Chapitre II. Le gnosticisme en Espagne. 31
Priscillien. ib.
Les hérésies ne parviennent plus à se cacher. 32
Dissimulation des priscillianistes. 33
— Mesures des catholiques pour la mettre en défaut. 34
Concile de Sarragosse. 35

Pages.

Condamnation des sectaires. 35

Priscillien, évêque d'Avila. *ib.*

Les catholiques invoquent le bras séculier. 36

Les priscillianistes exilés font de nombreuses conversions dans les Gaules. 37

—On refuse à Rome de les entendre. *ib.*

—Ils achètent la faveur de Gratien. 38

—L'empereur Maxime les fait juger au concile de Bordeaux. 39

Priscillien appelle à l'empereur lui-même. 40

Reproches de Sulpice Sévère aux accusateurs des sectaires. *ib.*

Saint Martin de Tours se déclare contre l'intolérance civile. 41

Les priscillianistes condamnés, les uns à l'exil, les autres à la peine capitale. 42

Supplice de Priscillien et de six autres gnostiques. 43

L'église presque entière repousse les délateurs, couverts du sang des priscillianistes. *ib.*

—L'évêque Ithace, l'un d'eux, est déposé et exilé. 44

—Le pape saint Léon loue ces accusateurs sanguinaires. 45

Loi d'Honorius pour généraliser la persécution. 46

Progrès du priscillianisme. 47

Les ithaciens persécuteurs, soutenus par le pouvoir. *ib.*

Efforts généreux de saint Martin en faveur des malheureux. 48

Saint Martin communique avec les ithaciens pour sauver la vie aux priscillianistes. 50

—Sa pénitence. 51

Note supplémentaire.

Eucharistie 52

LIVRE IX. — Les Origéniens.

Chapitre I. Mélange du christianisme et de la philosophie. 63

—Ce qui en résulte. 64

Doutes sur les autorités reconnues par l'église. 66

Contradictions. 68

L'apocalypse. 69

Les sibylles. 71

Amours des anges. 73

Origène. 74

—Il se châtre pour n'être pas distrait dans ses méditations. 76

Pages.

—L'évêque Démétrius est jaloux de sa grande réputation. 77

Origène excommunié et déposé. 78

—Ses admirateurs et ses disciples. 80

—Ses écrits servent à combattre les ariens. 81

—Son influence baisse, à mesure que les lumières diminuent. 83

Saint Jean Chrysostôme. 84

—Il veut réformer son clergé. 85

—Les prêtres l'accusent. 86

—Il contribue à sa perte. *ib.*

Chapitre II. Corporéité de Dieu. 88

—Les moines d'Égypte, qui y croient, veulent tuer leur patriarche qui la nie. 88

Origène condamné comme spiritualiste. 89

Théophile, patriarche d'Alexandrie. *ib.*

Les origéniens et les anthropomorphites. 90

Conciles et combats. 91

Théophile, accusé devant saint Chrysostôme. *ib.*

Dispute entre saint Épiphane et Jean, patriarche de Jérusalem. 93

Concile en Chypre contre les écrits d'Origène, et contre saint Chrysostôme. 95

—Autre concile à Alexandrie. *ib.*

Conduite irrégulière de saint Épiphane à Constantinople. 96

Zèle inconsidéré de saint Jean Chrysostôme. 98

—Le concile de Chalcédoine le condamne et le dépose. 99

—L'empereur l'exile. 100

—Insolence des moines, ses ennemis. 101

—Le peuple les massacre, et force l'empereur à rappeler Chrysostôme. *ib.*

Nouveau tumulte. 102

L'impératrice Eudoxie poussée à bout par Jean Chrysostôme, le fait chasser de nouveau par un concile. 103

—Excès commis par ses partisans. 105

Schismatiques joannites. *ib.*

—L'évêque de Rome, leur protecteur, méprisé par les Orientaux. 106

Les joannites sont cruellement persécutés. *ib.*

Innocent, évêque de Rome, excommunie l'empereur d'Orient, l'impératrice et les patriarches de Constantinople et d'Alexandrie. 108

Fin du schisme, en dépit de saint Cyrille qui s'opposait à toute réconciliation. *ib.*

Pages.

Notes supplémentaires.

N° 1. Matérialité de Dieu, soutenue par quelques pères de l'église. 111

Liberté de discussion, invoquée par les chrétiens. 113

N° 2. Les évêques catholiques, conjurés contre saint Jean Chrysostôme. *ib.*

Concile arien d'Antioche. 114

— Les catholiques invoquent l'autorité de ses canons. 115

Concile contre saint Jean. *ib.*

Miracles. 116

Chapitre III. Le nestorianisme et l'eutychianisme font momentanément oublier l'origénisme. 117

Justinien, anti-origénien. 118

Querelles entre les moines de la Palestine. *ib.*

L'empereur assemble des conciles contre l'origénisme. 119

Origène et ses sectateurs anathématisés. 120

Les *trois chapitres.* 123

—Justinien les fait condamner par l'église d'Orient. 124

Disputes sur le quatrième concile œcuménique. 125

Cinquième concile. 126

—Il permet l'excommunication des morts. 127

—Il anathématise les trois chapitres. *ib.*

—Vigile, évêque de Rome, refuse d'y prendre part. 129

—Il cède, et condamne les trois chapitres. 130

—Pélage fait de même, pour lui succéder. 131

L'Occident divisé et déchiré à l'occasion des trois chapitres. 132

Le cinquième concile général, condamné en Italie par un concile. *ib.*

Pélage II et ses successeurs font persécuter les schismatiques. 133

Guerre entre les *bleus* et les *verds*, les chrétiens et les juifs. 135

Justinien aphtartodocite. 136

—Il meurt. 137

Justin, par un édit, détermine ce qu'il faut croire, défend les disputes et ordonne la tolérance. 138

Notes supplémentaires.

N° 1. Origène et ses opinions. 141

Les ames sont-elles de forme sphérique ou oblongue? 142

N° 2. Théodore de Mopsveste, Théodoret de Cyrus, et Ibas d'Édesse. 143

Pages.

N° 3. Vigile, les trois chapitres et le cinquième concile général. 144
Interminables variations et hérésie du pape. 145
N° 4. Le cinquième concile général se fait difficilement accepter comme tel par l'église. 148
Les conciles œcuméniques peuvent se contredire et se corriger l'un l'autre. *ib.*
Dissimulation de saint Grégoire-le-Grand. *ib.*

LIVRE X. — LES PÉLAGIENS.

Chapitre I. La liberté de l'homme, attaquée par le raisonnement, défendue par la conscience intime. 151
Sans la liberté, point de dignité humaine, point de morale, point de société. 153
Les chrétiens croient à la liberté, jusqu'à ce qu'on essaie de l'imposer comme dogme. 154
Saint Augustin, manichéen et fataliste. 156
Pélage établit la liberté humaine, et nie le péché originel. 159
—Céleste, son disciple. 160
—Il est accusé devant le concile de Carthage. 161
—Il est condamné et déposé. 163
Pélage combattu en Afrique. *ib.*
—Jean, évêque de Jérusalem, s'oppose à sa condamnation. 164
Concile de Diospolis. 166
—Jean y prend le parti de Pélage. *ib.*
—Les autres églises ne confirment pas son absolution. 167
Progrès du pélagianisme. 168

Chapitre II. Efforts de saint Augustin pour détruire le pélagianisme. 170
Pélage et Céleste, anathématisés à Carthage. 171
—Leur doctrine condamnée. *ib.*
Concile à Milève. 173
L'Afrique presque entière, pélagienne. 174
Lettre de saint Augustin à Jean de Jérusalem. 175
Innocent, évêque de Rome, soutient avant et pardessus tout sa suprématie. 176
—Puis, il condamne les pélagiens. *ib.*
Incendies et massacres, en Palestine. 177
Zosime, évêque de Rome, absout Céleste dans un concile, et condamne la doctrine de la grâce et le péché originel. 179

Pages.

—Il dépose et excommunie les accusateurs de Céleste. 180

—Il blâme les évêques d'Afrique. ib.

Zosime cède un peu sur le dogme aux Africains, pour conserver toute sa prépondérance en Afrique. 182

—Il approuve la doctrine de Pélage. 183

—Il flétrit ses ennemis. ib.

Concile d'Afrique. 184

—Il condamne le pélagianisme et blâme Zosime. 185

Lois spoliatrices contre les pélagiens. ib.

Chapitre III. Concile général d'Afrique. 187

—Il voue aux peines de l'enfer les enfans morts sans baptême. 188

Grâce nécessaire et nécessitante. 189

Arrogance de l'évêque de Rome. ib.

—Il accepte les décisions dogmatiques du concile africain. 190

Lois contre les pélagiens. ib.

Julien. 191

—Sa résistance et celle d'autres partisans de Pélage. 192

—Rome les condamne. 193

—Les rigueurs du pouvoir leur font consommer le schisme. 194

—Injures de part et d'autre. 195

Saint Augustin, prédestinatien. ib.

Semi-pélagianisme. ib.

Calomnies des catholiques. 197

Les pélagiens repoussés partout. 198

—Ils sont poursuivis au nom de la loi. 200

La Bretagne, pélagienne. 201

Les Gaules, semi-pélagiennes. ib.

Le pélagianisme est condamné par le concile général d'Éphèse. 202

Les pélagiens persécutés par le pape Léon-le-Grand. 203

Derniers efforts du pélagianisme. ib.

—N'ayant plus à le combattre, l'église redevient raisonnable. 205

Notes supplémentaires.

No 1. Nécessité absolue du baptême. 206

Péché originel. ib.

Damnation des enfans nouveau-nés. 207

No 2. L'enfer, le purgatoire, les limbes.

No 3. Canons de Nicée. 209

L'évêque de Rome en forge dans son intérêt. 210

Prétentions ultra-marines. 211

Pages.

N° 4. Prédestinatianisme. 211

Saint Augustin, semi-pélagien. 213

Double prédestination absolue. 214

LIVRE XI. — Nestorius et Eutychès.

Chapitre I. Toutes les folies ont passé par la tête de l'homme. 215

Les hommes sont mus par leurs passions, non par leurs idées. 216

C'est la compression seule qui rend les opinions perturbatrices. 217

L'église entière n'est plus que disputes et troubles. 219

Nestorius, persécuteur. 220

Saint Cyrille, persécuteur et ambitieux. *ib.*

Massacres des chrétiens d'Alexandrie par les juifs. *ib.*

— Saint Cyrille chasse ces derniers. 221

Vengeances. *ib.*

Cinq cents moines égyptiens attaquent le préfet d'Alexandrie à main armée. 222

Hypatie. *ib.*

— Saint Cyrille la fait assassiner. 223

Nestorius proscrit l'épithète *mère de Dieu*. 224

— Saint Cyrille intente contre lui une accusation en *douze chapitres*. 225

Théodose II convoque le concile œcuménique d'Éphèse. 226

Saint Cyrille et ses partisans y assistent seuls. *ib.*

— Ils condamnent et déposent Nestorius. 227

— Le commissaire impérial est chassé du concile par les évêques. 228

Saint Cyrille, blâmé par l'empereur et par saint Isidore de Peluze. 229

Les Orientaux arrivés à Éphèse condamnent saint Cyrille et les siens, ainsi que les anathèmes *hérétiques* du concile général. 230

La première réunion d'Éphèse excommunie la seconde. 231

Concile à Antioche qui excommunie le premier concile d'Éphèse. *ib.*

L'empereur sévit contre les plus violens des deux parts. *ib.*

— Ses courtisans, gagnés par les présens de saint Cyrille, le portent à condamner Nestorius. 232

— Plaintes de celui-ci. *ib.*

— Il est persécuté et exilé. 233

Notes supplémentaires.

N° 1. Nestorius. 235

Il fut long-temps difficile de n'être ni nestorien ni eutychien. 236

Pages.

Nº 2. Il avait été permis de dire avant Nestorius, ce qui fit anathématiser ce patriarche. 236

D'après l'église, les chrétiens ne sont sages que pour autant qu'ils sont fous. 237

Chapitre II. En voulant tenir le juste-milieu entre les opinions extrêmes, l'église rend sa position toujours équivoque. 239

Eutychès. 240

Confusion des deux natures de Jésus. *ib.*

Eutychès, condamné par deux conciles. 241

Concile du *brigandage* à Éphèse. 242

Eutychès est réhabilité par la force et la violence. *ib.*

Les pères, tuent le patriarche Flavien. 244

Concile de Chalcédoine. 245

L'eutychien Dioscore d'Alexandrie, accusé par les légats romains devant les sénateurs impériaux. 247

—Il est condamné et déposé par le concile. 250

Arrogance des Occidentaux. *ib.*

Symbole de Chalcédoine. 251

Opposition tumultueuse des moines d'Égypte. 253

Réclamations des eutychiens. 254

Canons. 255

Notes supplémentaires.

Nº 1. Les moines du désert. 257

Nº 2. Concile du brigandage. 259

Les païens se moquent des chrétiens. 260

Chapitre III. Émeute et incendie à Alexandrie. 261

Troubles et excès en Palestine. *ib.*

Le patriarche Protérius, tué et mangé par les eutychiens. 263

—Ruses de Timothée Élure pour le remplacer. *ib.*

Pierre-le-Foulon, patriarche eutychien d'Antioche. 264

—Il est exilé par l'empereur Léon. 266

—Celui-ci consulte ses évêques et ses moines sur l'état de l'église d'Alexandrie. *ib.*

—Tous ratifient le concile de Chalcédoine. 267

Timothée Élure est exilé. 268

Basilisque rappelle Timothée et Pierre-le-Foulon. 269

—Il ordonne, par une encyclique, de détruire jusqu'aux vestiges du quatrième concile œcuménique. 270

Pages.

—Cinq cents évêques s'y soumettent. 272
Concile d'Éphèse, opposé à celui de Chalcédoine. ib.
Acace, patriarche de Constantinople, opposé à l'empereur. 273
—Il est condamné avec ses partisans, et déposé. ib.
Timothée modifie l'eutychianisme. 274
Le christianisme devient de plus en plus important dans l'état. 275
Basilisque révoque son encyclique. 276
Acace contribue à perdre Basilisque. ib.
Zénon replace les évêques exilés. 277
Triomphe des partisans du quatrième concile. ib.
Actes d'autorité de Zénon dans l'église d'Alexandrie. 278
Hénoticon. 280
—Opinions diverses à ce sujet. 282

Chapitre IV. Jean-l'Économe, patriarche déposé d'Alexandrie, va réclamer à Rome. 284
Lutte entre les prétendans au siége d'Antioche. ib.
—Désordres de l'église de cette ville. 285
Tout l'Orient signe l'hénoticon. 286
Pierre Monge, patriarche d'Alexandrie, accusé. ib.
—L'évêque de Rome veut lui substituer Jean-l'Économe. 288
—L'empereur Zénon s'y oppose. ib.
Les légats romains à Constantinople communiquent avec les hérétiques. 289
—Un concile les condamne. 290
—Autre concile à Rome qui excommunie à perpétuité les patriarches d'Antioche, d'Alexandrie et de Constantinople. ib.
Acace, condamné par un évêque de Rome, avait été approuvé par son prédécesseur. 291
—Il rend à l'évêque de Rome excommunication pour excommunication. 292
La discorde et la haine théologique troublent Alexandrie. 293
Tolérance de l'empereur Anastase. 295
—Il fait condamner le patriarche de Constantinople, Euphémius, comme traître à l'état. 296
Deux concurrens pour le siége de Rome. 298
Le schisme entre les Grecs et les Latins se consolide. ib.
Continuation des disputes sur le concile de Chalcédoine. 299
—Antioche ensanglantée à cette occasion. 301
Tout l'Orient subdivisé en sectes et schismes à l'infini. 302

Pages.

Note supplémentaire.

Le patriarche Macédonius. 304

Chapitre V. Anastase veut sévir contre les partisans fanatiques du quatrième concile. 306

—Il est anathématisé. 307

Émeute grave à Constantinople, contre les théopaschites. 308

Anastase forcé de se soumettre aux chalcédoniens. 310

—Caractère faible de cet empereur, à la perte duquel contribuent également les orthodoxes et les schismatiques. 311

Justin prouve son catholicisme par des persécutions. 312

Justinien fait triompher l'orthodoxie, au cinquième concile œcuménique. 314

La théologie et les Barbares se disputent les lambeaux de l'empire romain. 316

Le nestorianisme et l'eutychianisme se perpétuent. 317

Notes supplémentaires.

N° 1. Contradictions entre deux papes, sur la question de savoir si une personne de la Trinité a souffert. 319

N° 2. Les nestoriens et les eutychiens modernes. *ib.*

LIVRE XII. — Les Monothélites.

Chapitre I. Inconséquence de l'intelligence et de la conscience humaines. 321

Questions soulevées par le dogme de la consubstantialité. 322

Volonté simple ou double de Jésus-Christ. 323

La dispute seule donne de l'importance à l'hérésie et au dogme. *ib.*

Synésius, philosophe. 324

—Il est sacré évêque malgré lui. 325

—Ses opinions. 326

Rivalité entre l'église grecque et la latine. 328

Émeute des chrétiens sous Tibère. 329

Jean-le-Jeûneur, patriarche de Constantinople, se fait appeler *évêque universel.* 330

—Celui de Rome l'excommunie de ce chef. *ib.*

L'empereur assassin Phocas confère ce titre à l'évêque de Rome. *ib.*

Les juifs d'Antioche égorgent les chrétiens. 331

Pages.
L'église de Rome ne travaille qu'à augmenter son pouvoir. 333
Héraclius, empereur. 334

Chapitre II. Eutychianisme de Syrie. 336
Les sectaires poussent Héraclius au monothélisme. 337
Rome soutient le dogme de deux volontés en Jésus-Christ. 338
Reproches d'inconséquence, adressés par les monophysites aux monothélites. 339
Concile monothélite à Alexandrie. 340
—Concile opposé à Jérusalem. 341
Le pape Honorius, monothélite. ib.
Héraclius défend, par un édit, de parler des natures et des volontés de Jésus-Christ. 342
Ecthèse monothélite, imposée par Héraclius aux Occidentaux qui la répudient. 344
Pyrrhus, patriarche de Constantinople, trempe dans une révolution de palais et est chassé. 345
Rome et l'Afrique condamnent le monothélisme. ib.
Pyrrhus se convertit au catholicisme à Rome, pour être replacé sur son siége. 346
—N'ayant obtenu que la communion des fidèles, il se refait monothélite. 347
—Excommunication effroyable, prononcée contre lui par l'évêque de Rome. ib.
—Cet évêque excommunie également le nouveau patriarche. 348
Type, loi de silence, imposé par Constant. ib.
—L'Occident le repousse. 349
Concile à Rome, qui excommunie tous les patriarches orientaux et condamne le monothélisme. 350
Le pape et ses partisans, conduits à Constantinople, cruellement maltraités et exilés. ib.

Chapitre III. Constantin Pogonat veut imposer l'orthodoxie des Occidentaux aux Grecs. 352
Sixième concile œcuménique. 354
Le monothélisme condamné. 355
Excommunication des monothélites. 356
Concile de la Coupole. 357
—Ses canons disciplinaires sont reçus par l'église orientale. ib.
—L'église occidentale les rejette. 358

Pages.

—Le pape ne les accepte ni ne les condamne. 359

Révolution mi-politique, mi-sacerdotale, à Constantinople. *ib.*

Philippicus fait casser par un concile le sixième œcuménique, et rétablit le monothélisme. 360

Un second concile anathématise cette assemblée générale, avec tous ceux qui y avaient assisté et ceux qui s'y soumettaient. 361

Nouveau schisme entre les Latins et les Grecs. 362

Germain, patriarche de Constantinople, est chassé avec l'empereur Artémius qui le protégeait. 363

Fin du monothélisme. *ib.*

Mahomet. 364

LIVRE XIII. — LES ICONOCLASTES.

Chapitre I. Il faut juger les hommes et les événemens avec les idées du temps. 368

Les écrivains gentils ne se décidèrent que difficilement à prendre l'existence des chrétiens en considération sérieuse. *ib.*

—Ceux-ci n'avaient ni temples, ni autels, ni simulacres. 370

—Leurs pratiques, aux premiers siècles. 371

—Leur idolâtrie, au huitième. 375

L'autorité religieuse domine le pouvoir civil. 376

—Les lois sont impuissantes contre cet abus. 377

Licinius. *ib.*

Julien. 379

Valentinien. *ib.*

Valens. 380

Reliques. 381

Baptême et communion des morts. *ib.*

L'église, dans l'origine, rejetait toute relation entre les vivans et les trépassés. 382

Léon l'Isaurien. 384

—Il fait traîner les juifs et les montanistes au baptême. 385

Guerre faite aux images par le mahométan Izid. *ib.*

Édit de Léon contre les images. 386

—Le pape Grégoire II l'anathématise et lui ôte la souveraineté de l'Italie. 387

Alliance entre les Romains et les Lombards contre les Grecs. 388

Persécutions de Léon. *ib.*

Pages.

Émeute. 389

Proscriptions. 390

Abolition du culte des saints et des reliques. ib.

Notes supplémentaires.

N° 1. Culte des images. 391

Opinion des saints pères. 392

Doctrine de l'église. 393

N° 2. Séjour des ames en attendant le dernier jugement. 395

Chapitre II. Le patriarche Germain. 397

— Convaincu de l'inutilité de ses efforts pour soutenir les images, il abdique. 398

Le pape Grégoire consolide le schisme et son pouvoir en Italie. 399

L'empereur Léon soustrait les villes de son empire, en Italie, à la juridiction de l'église romaine. ib.

Nouvelles proscriptions en Orient. 400

Grégoire III fait reprocher aux princes grecs leurs hérésies. ib.

Un concile à Rome excommunie tous les ennemis du culte des images. 401

Constantin Copronyme. 402

Tyrannie de la force même éclairée, agissant contre l'intelligence même dans l'erreur. 403

Constantin, chassé par Artabasde. ib.

— Remonté sur le trône, il se venge horriblement. 404

Septième concile œcuménique des iconoclastes. 405

— Il abolit le culte des images. 406

Les Francs fondent le domaine temporel des papes. 407

Constantin force les moines au mariage. 408

Les croix abattues; les reliques détruites. 409

Supplice affreux du patriarche Constantin. 410

Un concile à Rome anathématise le septième concile des Grecs. ib.

Le pape Constantin, condamné et cruellement maltraité comme antipape. 411

Léon, ami des images et des moines, succède à Constantin Copronyme. 413

— Il se fait iconoclaste et devient persécuteur. ib.

Chapitre III. Irène embrasse le parti des adorateurs des images. 414

Préparatifs pour un concile général. 415

Pouvoir des papes de Rome. 416

Pages.

Le peuple de Constantinople dissout par la force le concile assemblé. 416
—Il est transféré à Nicée. 418
Les iconoclastes condamnés. ib.
Constantin chasse sa mère Irène. 419
—Intrigues de celle-ci pour ressaisir le pouvoir. ib.
Divorce de Constantin. 420
—Irène le fait condamner par les moines, s'empare de lui et le livre à la mort. 421
Concile à Francfort. 422
—Il condamne le culte des images et ses partisans. 423
—Autre concile latin dans le même sens. ib.
Les moines conjurés contre l'empereur Nicéphore. 425
—Ils sont exilés par un concile. ib.
Nicéphore vexe le clergé et les moines. 426
—Michel les protége. ib.
Lois de mort contre les hérétiques. 427
—Ils se soulèvent et sont battus. 428
Léon l'Arménien. 429
—Il fait une guerre acharnée aux images. 430
—Opposition du patriarche. 431
Concile général des iconomaches. 432
—Sur ses décisions, la persécution devient plus cruelle. ib.
—Michel l'Amorrhéen et Théophile suivent ses traces. 433
Concile de Paris contre les images. 434
Le pape Anastase fait briser les statues et gratter les peintures, à Rome. ib.
Michel et Théodora, sa mère, rétablissent le culte des images. ib.

Note supplémentaire.

Opposition des Occidentaux au culte des images. 438
Le pape n'ose pas s'expliquer. ib.

LIVRE XIV. — GRAND SCHISME ENTRE LES ÉGLISES GRECQUE ET LATINE.

Chapitre unique. La révolution politique qui sépare l'Italie de l'empire d'Orient, est la vraie et unique cause du schisme entre les deux églises. 443
Charlemagne. 444
Les papes, entièrement absorbés par la politique. 445

Pages.

Photius. 446

Le pape constitué juge entre ce patriarche et saint Ignace dont il avait occupé le siége. 447

Les légats romains, séduits par les Grecs, sont condamnés par le pape. ib.

Concile à Rome qui excommunie Photius. 448

Photius excommunie le pape. ib.

—Il est déposé par l'empereur grec. ib.

—Il est anathématisé de nouveau à Rome. 449

Soumission de l'empereur et du patriarche grecs au pape romain, au huitième concile œcuménique. 450

—Le peuple grec ne la ratifie pas. 451

Photius succède à saint Ignace. 453

Le huitième concile universel des Grecs casse, d'accord avec le pape, le huitième concile universel des Latins. ib.

Influence, richesses et pouvoir réel des papes. 454

Institution des deux pouvoirs, et ses conséquences nécessaires. 456

Michel Cérulaire. 459

Rapprochemens intéressés entre les deux églises, du treizième à la moitié du quatorzième siècles. ib.

Procession du Saint-Esprit. 462

—Les Grecs la veulent simple. 463

—Les Francs, tenant à ce qu'elle soit double, forcent le pape à admettre ce nouveau dogme. ib.

—Photius le combat avec ardeur pour mieux perpétuer le schisme. 465

Massacres à cause du *filioque*. 466

Haine implacable entre les Grecs et les Latins. 467

Michel Paléologue accepte la double procession du Saint-Esprit 468

Persécutions du pouvoir pour faire recevoir le filioque. ib.

Abus que fait le pape de son autorité sur les Grecs réunis. ib.

Andronic, fils de Michel, abolit jusqu'à la mémoire de la réunion. 470

Nouvelle tentative de Manuel Paléologue. ib.

Réunion opérée au concile de Florence. 471

—Le clergé grec refuse de s'y soumettre. 472

Prise de Constantinople par les Turcs. ib.

Pages.

TOME IV.

ÉPOQUE II.

LES CHRÉTIENS LATINS ET LEURS CONCILES, LES CATHOLIQUES ROMAINS ET LEURS PAPES, APRÈS CHARLEMAGNE.

PREMIÈRE PARTIE. — POLITIQUE.

LIVRE I. — NEUVIÈME, DIXIÈME, ET UNE PARTIE DU ONZIÈME SIÈCLE.

Chapitre I. Les empereurs païens étaient souverains et pontifes. 1
Le christianisme élevé sur le trône, brise l'unité sociale. 2
Devenus chrétiens, les empereurs se font sectaires. 4
Ambitieuse servilité des évêques. *ib.*
Les papes, monarques absolus pour le spirituel. 5
—Ils menacent les trônes. *ib.*
—Comment ils devinrent puissans. 6
—Forts contre le despotisme, ils préparent leur chute en se faisant despotes eux-mêmes. 7
Charlemagne. *ib.*
—Il met des bornes à l'autorité religieuse qu'il avait créée. 8
—Après lui, tout se confond. 10
Conciles du neuvième siècle. 11
Rébellion des fils de Louis-le-Débonnaire. 13
—Grégoire IV les favorise. 14
Menaces des évêques français contre le pape. *ib.*
Louis, excommunié et déposé. 15
—Il est absous et réhabilité. 16
L'empereur Lothaire déposé à Aix-la-Chapelle. 17

Chapitre II. Concile à Savonières. 19
Charles-le-Chauve traite avec hauteur le pape Adrien II. *ib.*
—Il est couronné empereur par Jean VIII, pour de l'argent. 21
—Il se sert du pape pour humilier le clergé français. 22
Jean VIII, entièrement dévoué à la France. 23
—Il est maltraité par les Allemands et les Italiens. 24
—Il cherche à se venger. 25
Jalousie entre le pape et l'archevêque de Milan. 26
Le pape Formose, ennemi des Français. 27
—Il appelle le roi de Germanie. 28
Dixième siècle. 29

Pages.

Les papes, ignorans et corrompus. 29

Othon-le-Grand, empereur. 30

Notes supplémentaires.

N° 1. Ignorance des prélats et du clergé romain. 31

N° 2. Corruption du clergé chrétien et de son troupeau. 33

Chapitre III. Onzième siècle. 36

Différends entre le saint siége et l'archevêque de Milan. *ib.*

—Celui-ci se fait justice les armes à la main. 37

—Nouveaux exemples de la même rivalité. 38

Rixe entre les partisans des évêques lombards et ceux du pape. 39

Léon IX veut exterminer les Normands. *ib.*

Les papes peuvent-ils faire la guerre? 40

Nicolas II protége les Normands. 41

Donation de Constantin. 43

Ambition d'Étienne IX, imitée dans la suite par Nicolas III et Alexandre VI. 44

Le moine Hildebrand fait un pape. 45

—L'impératrice Agnès en fait un autre. 46

Prophétie maladroite de saint Pierre Damien. 48

La cour se soumet au pape des prêtres. *ib.*

LIVRE II. — Grégoire VII.

Chapitre I. — Puissance progressive des papes. 51

Hildebrand. 52

—Il s'attache au parti impérial. 54

—Maître de la personne d'Alexandre II, il s'oppose à la cour. 55

—Cent cinquante ans de guerre sont le résultat de ses idées théocratiques. *ib.*

—Cardinal, il était déjà maître absolu. 56

Investitures ecclésiastiques. *ib.*

Les empereurs nomment les papes. 58

—Lois ecclésiastiques qui les y autorisent. 60

—Dispute remarquable à ce sujet. 62

—Document apocryphe, invoqué en faveur des empereurs. 63

Note supplémentaire.

Élection des évêques. 65

Pages.

Chapitre II. Prétentions de Grégoire à un double despotisme. 71
— Sa lutte contre les grands à Rome. 72
— Il condamne les investitures. 73
Plaintes de l'empereur. 74
Henri IV fait excommunier Grégoire VII. 75
Tumulte au concile de Rome. 76
Le pape excommunie l'empereur et le dépose. *ib.*
Les prétentions du sacerdoce ajoutent un nouveau motif de divisions et de haines à ceux déjà existans dans la société. 77
Isidore Mercator. 78
Fausses décrétales. 79
— Évidence de leur fausseté. *ib.*
Privilége supposé de l'abbaye de Saint-Médard. 81

Note supplémentaire.

Les fausses décrétales. 83

Chapitre III. Les Allemands abandonnent l'empereur. 86
— Les Italiens le soutiennent. *ib.*
Henri s'humilie devant le pape. 88
Dureté de Grégoire VII. 89
Henri est absous, mais non réhabilité. 90
— A cette époque, la foi ôtait aux princes la possibilité de résister aux papes, comme elle fournissait aux papes le moyen de dominer les princes. 92
Monomanie de soumission au saint siége, qui s'empare de presque tous les souverains, vers le milieu du onzième siècle. 93
Les Italiens refusent d'obéir à Grégoire. 95
L'empereur reprend courage. 96
Révolte en Allemagne. *ib.*
Grégoire ne reconnaît, ni Henri, ni Rodolphe que les Allemands lui opposaient. 97
— Il charge ses légats de prononcer entre les deux concurrens à l'empire. 98
— Son alliance avec les Normands. 100

Chapitre IV. Guerre civile et religieuse. 102
Concile à Rome. 103
Excommunication de Henri, et reconnaissance de Rodolphe, roi de Germanie. *ib.*

Pages.

Henri fait un pape pour l'opposer à Grégoire. 106
Grégoire déposé au concile de Brixen. ib.
Reproches de Henri au pape. 108
Le pape prédit la mort de Henri. 109
Rodolphe succombe. 110
Henri en Italie. 111
Fermeté du pape. 112
Prise de Rome et couronnement de Clément III. 113
Rome saccagée par les Normands, alliés de Grégoire. ib.
Mort de Grégoire VII. 115

Chapitre V. Grégoire, jugé par ses contemporains. 118
—Accusations contre lui. 119
—Ses maximes. 121
—Dépositions des rois. 123
—Reproches injustes. 125
—Ses miracles. 126
—Sa canonisation. 127
Opposition de la France au nouveau saint. ib.

Note supplémentaire.

Perpétuité des doctrines de l'église romaine. 129

LIVRE III. — FIN DES QUERELLES SUR LES INVESTITURES.

Chapitre I. Après Grégoire VII, il fut facile de suivre la route qu'il avait tracée. 131
Grégoire VII n'a fait que proclamer les idées de son siècle. 132
Caractère de Grégoire. 133
Opposition à la clérocratie, du vivant même de ce pape. ib.
Le progrès des lumières a détruit le sacerdotalisme. 134
Conciles qui s'anathématisent réciproquement. 135
—Luttes à main armée qui en sont la suite. ib.
Victor III. 136
—Il bat et chasse Clément III. ib.
Urbain II succède à Victor. 138
L'empereur et son pape, excommuniés. ib.
La comtesse Mathilde, protectrice du saint siége, est vaincue par Henri IV. 139

Pages.

—Elle fait révolter Conrad contre l'empereur, son père. 140

L'impératrice accuse son mari, devant le pape, d'actions déshonnêtes. 141

—Elle est absoute au concile de Plaisance. 142

Note supplémentaire.

Aveux de la reine Theutberge. 144

Comment les personnes mariées doivent remplir le devoir conjugal. 145

Divorce. 147

Sanchez; le P. Benedicti; Olivier Maillard. *ib.*

Chapitre II. Conrad, couronné roi d'Italie. 150

—Le pape le protège, et reçoit ses sermens. *ib.*

Ambition de Mathilde. 150

Malheurs de Conrad. *ib.*

Concile à Rome. 152

Extinction du schisme de l'église romaine. 153

Malédictions de Paschal II. 154

—Il arme Henri V contre son père. *ib.*

Plaintes touchantes de l'empereur. 155

—Il est excommunié et déposé. 157

Lettre de l'empereur au roi de France. 158

—Autre lettre, à son fils. 164

—Autre, aux barons de l'empire. 165

Note supplémentaire.

Pourquoi Mathilde répudia Guelphe. 167

Chapitre III. Fermeté du clergé de Liège. 169

Henri IV meurt. 172

Les restes de Clément III, exhumés par Paschal II, parce qu'ils faisaient des miracles. 173

Paschal et Henri V se disputent les droits qu'ils avaient arrachés à l'empereur défunt. 174

Le pape renonce aux droits régaliens, et l'empereur à celui des investitures. 175

Henri V à Rome. 177

Troubles. *ib.*

Le pape, prisonnier. 178

Massacres. 179

Pages.

Le pape cède les investitures. 179

—Accusé d'hérésie, il se rétracte. 181

Chapitre IV. Concile de Latran. 183

Les investitures condamnées. 184

Aveux remarquables du pape. 185

Guerres de religion en Allemagne. 187

L'empereur à Rome. 188

Nouveau schisme. 189

Guerre entre les deux papes. *ib.*

Anathèmes. 190

Concile à Reims. *ib.*

Calixte II, vainqueur, se venge cruellement de Grégoire VIII. 191

L'empereur est forcé de renoncer aux investitures. 192

Premier concile œcuménique de Latran. 193

LIVRE IV. — Guerre entre le sacerdoce et l'empire.

Chapitre I. — Égoïsme des passions de corps et leur perpétuité. 195

—Exaltation de ces passions par l'association cléricale. 196

Cruelle inflexibilité des prêtres. 197

Mort de Henri V. *ib.*

Haine des papes contre la maison de Souabe. *ib.*

Lothaire, empereur. 198

— Conrad III lui succède, par l'ingratitude du saint siége envers l'héritier de Lothaire. 199

Les guelfes et les gibelins. 200

Frédéric Barberousse. 202

—Il se brouille avec le pape. *ib.*

Insolence du pape et de ses légats. 203

Manifeste de l'empereur. 205

Troubles à Rome. 206

Schisme. 208

La couronne de Naples et de Sicile, réunie à celle d'Allemagne. 209

Dépit d'Urbain III. *i*

Jérusalem prise par les Turcs. 210

Henri VI, insulté par le pape qui le couronnait. 211

L'empereur cède Tusculum au pape. 212

Le pape le donne aux Romains qui voulaient le saccager. *ib.*

Pages.

Chapitre II. Ambition d'Innocent III. 214
—Il profite des guerres civiles d'Allemagne. *ib.*
Frédéric II. 217
Bataille de Bouvines. 218
Quatrième concile de Latran. 219
Différends entre Frédéric et le pape. 220
Fautes des croisés en Terre-Sainte. 221
Le pape excite la seconde ligue lombarde contre l'empereur. 222
Grégoire IX. *ib.*
—Il excommunie Frédéric. 223
—Il le dépose, et délie ses sujets du serment de fidélité. 224
Le pape empêche l'empereur de vaincre les Turcs. *ib.*
—Il lui fait la guerre en Italie, pendant que l'empereur se bat pour l'église contre les infidèles. 226

Note supplémentaire.

Conciles de Latran, IIIe et IVe œcuméniques. 228

Chapitre III. Frédéric obtient Jérusalem des mahométans. 230
—Le pape l'accable d'injures. 231
La Terre-Sainte interdite, comme appartenant à un excommunié. 232
Le pape est battu par l'empereur. 233
Frédéric protége le pape contre les Romains. 234
Grégoire IX fait révolter le fils de l'empereur. 236
Excommunication solennelle de Frédéric II. 237
—Croisade contre lui. 239
Précautions de l'empereur contre les menées du clergé. 240
Vacance du saint siége. 242
Innocent IV. 243
Calomnies contre Frédéric II. *ib.*

Chapitre IV. Concile œcuménique à Lyon. 245
Défense de Frédéric. 246
—Sentence terrible prononcée contre lui. 247
Innocent IV fait élire un autre empereur. 250
Guerre civile en Allemagne. 251
Le pape excite les Turcs contre Frédéric. 252
Murmures des peuples contre la tyrannie et les exactions du clergé. *ib.*
—Associations pour s'y opposer. *ib.*
Le pape veut faire assassiner l'empereur. 254

Pages.

—Outrages des prêtres contre ce prince. 255

Mort de Frédéric II. 257

Chapitre V. Conrad, fils de Frédéric, persécuté par le saint siége. 259

—Croisade pour le perdre. ib.

Le pape donne la Sicile, d'abord à la France, puis à l'Angleterre. 261

Conrad meurt. ib.

Alexandre IV. 263

—Il fait la guerre à Mainfroi, roi de Sicile. ib.

—Et aux gibelins d'Italie. 264

Eccelin de Romano. ib.

Prétentions de Jacob Erlandsen, évêque de Lunden. 265

Concile de Vedel en Jutlande. ib.

Le saint siége soutient la révolte du clergé danois. 266

Le pape fait ruisseler le sang en Italie et en Allemagne. ib.

Urbain IV donne la Sicile à Charles d'Anjou. 267

Clément IV. 269

Mainfroi est vaincu et tué. ib.

Cruautés de Charles, pour obéir au pape. 270

Corradin excommunié. 271

—Vaincu par les Français et les troupes papales, il est décapité. 272

Note supplémentaire.

Mort d'Innocent IV. 274

Le pape au purgatoire. ib.

LIVRE V. — LES GUELFES ET LES GIBELINS.

Chapitre I. Triomphe du sacerdoce sur l'empire. 277

Les rois défendent leurs droits contre le saint siége. ib.

Politique ambitieuse des papes. 278

—Leur domination décheoit, à mesure que le nombre de ceux qui la leur disputent augmente. 279

Grégoire X. 280

—Quel était son pouvoir temporel? ib.

Rodolphe d'Hapsbourg. 281

Second concile œcuménique de Lyon. 282

Réconciliation politique de l'église grecque avec l'église latine. 283

Jean XXI calomnié par les moines. 285

Pages.

Nicolas III. 286

—Il se fait céder tous les droits des empereurs aux états de l'église. *ib.*

Népotisme. 288

Le pape se brouille avec Charles d'Anjou. 290

Chapitre II. Tyrannie des Français en Sicile. 291

—Jean de Procida trame leur perte. *ib.*

—Il est soutenu par le saint siége. 292

Martin IV, ennemi des gibelins. 295

—Il leur fait une guerre cruelle. 296

—Sac de Forli qui leur avait donné asile. 297

Vêpres siciliennes. 298

Tous les ennemis des Angevins, excommuniés. 299

Duel autorisé par le saint siége. 300

Les états du roi d'Arragon, donnés à la France. 302

Excommunications imprudentes, lancées contre les Siciliens. 303

Croisade honteuse contre les Espagnols. 304

Note supplémentaire.

Le duel approuvé par l'église. 306

Chapitre III. Le pape s'oppose à la paix entre l'Espagne et la France. 310

Gibelinisme de Nicolas IV. 311

—Il force Charles II d'Anjou au parjure. *ib.*

Sanglante inimitié entre les Colonna et les Orsini. 312

Nullité du pape Célestin V. 314

—Les cardinaux le forcent d'abdiquer. 315

Boniface VIII. 316

—Il fait enfermer Célestin. 317

Affaires de Sicile. 318

Grandt, archevêque de Lunden, emprisonné par Éric-le-Pieux. 320

Éric, condamné par Boniface VIII. *ib.*

—Il se soumet, et est absous. 321

Proscription des Colonna. 322

—Défense de ceux-ci. 323

—Croisade contre eux. 324

Mauvaise foi du pape. 325

Chapitre IV. Origine de la haine entre Philippe-le-Bel et Boniface VIII. 327

Bulle *Clericis laicos.* *ib.*

Pages.

—Réponse du roi. 328

—Le pape cherche à s'excuser. *ib.*

—Il s'immisce dans les affaires de la France. 331

Extravagante bulle *Unam sanctam.* 333

Mesures rigoureuses de Philippe-le-Bel. 335

Le pape, accusé d'hérésie et de plusieurs crimes. 336

—Il excommunie et dépose Philippe. 338

Le roi fait insulter et maltraiter le pape à Anagni. 339

Boniface VIII meurt furieux. 341

Benoît XI annule tous les actes de son prédécesseur. 343

—Il émet en partie les mêmes actes. *ib.*

Benoît est empoisonné. 344

LIVRE VI. — TRANSLATION DU SIÉGE EN FRANCE.

Chapitre I. Moderne captivité de Babylone. 347

Effets de la translation du saint siége sur le pouvoir temporel des papes. *ib.*

—Son influence sur la religion. 348

Position des papes vis-à-vis des rois chrétiens. 349

Philippe-le-Bel vend la papauté à Clément V. 351

—Conditions de ce marché. 352

La cour romaine, fixée en France, est toute composée de Français. 353

Affaires d'Italie. 355

Bologne excommunié. *ib.*

Bulle terrible contre les Vénitiens. 356

—Ils se font absoudre pour de l'argent. 357

Injustices du pape. *ib.*

Guerres contre les gibelins. 358

Chapitre II. Le pape donne l'empire grec aux Français. 360

Les cardinaux s'opposent à l'instruction du procès de Boniface VIII. 361

—Philippe-le-Bel force le pape à recevoir les accusations. *ib.*

Boniface VIII est absous au concile de Vienne. 362

Proscription des templiers. 364

Cinquante-six chevaliers sont brûlés vifs. 365

Jacques Molay. 366

L'ordre du Temple est supprimé. 367

Le pape fait un empereur pour l'opposer au roi de France et aux guelfes. 368
Menaces de Philippe-le-Bel. 370
Clément redevient guelfe. *ib.*
Prétentions du pape à l'omnipotence. 371
Caractère de Clément V. 372

Note supplémentaire.

La simonie. 374

Chapitre III. Fourberies du cardinal d'Ossat. 377
—Il devient pape sous le nom de Jean XXII. 378
—Sa mauvaise foi. *ib.*
Le pape, vicaire de l'empire. 379
Jean XXII, ennemi acharné des gibelins. 381
Anathèmes contre les Visconti. 382
Croisade. 383
Louis de Bavière. 384
—Motifs de la haine du pape contre cet empereur. 385
—Le pape l'excommunie à plusieurs reprises. 386
Les croisés se livrent à toutes sortes d'excès. 387
Jean XXII est accusé d'hérésie par l'empereur. 388
Louis de Bavière, couronné à Rome. *ib.*
—Il fait déposer le pape. 390
Le pape, condamné à mort. *ib.*
Nicolas V. 391
—Ce pape est livré à Jean XXII, son rival. 392
—Ambition et cupidité de celui-ci. 393
Annates. 394
Prétentions des prêtres danois à l'inviolabilité. 395

Note supplémentaire.

Bénéfices ecclésiastiques. 397

Chapitre IV. Caractère de Benoît XII. 399
—Il confirme les censures contre Louis de Bavière. 400
Efforts des Allemands pour se soustraire au despotisme pontifical. *ib.*
Absolution des Visconti. 401
Richesses de Benoît. *ib.*
Clément VI excommunie Louis de Bavière. 402
—Il fait prêcher la croisade contre lui. 403

Pages.
— Il excite la guerre civile en Allemagne. 403
Cola de Rienzo. 404
Horribles malédictions de Clément VI. ib.
Les cardinaux se battent en plein consistoire. 406
Lois des Florentins contre les immunités du clergé. 409
Les Visconti, neveux du seigneur de Milan, anathématisés à sa demande. ib.
Lettre du diable au pape. 410
Mœurs de Clément VI. 411
— Il excommunie Waldémar III. ib.
— Ce prince se fait protéger par le saint siége contre les révoltés de ses états. ib.

Notes supplémentaires.

N° 1. La sœur de Pétrarque prostituée au pape. 413
Cette anecdote a été niée sans fondement. ib.
N° 2. Formules d'excommunication. 414
Ravisseurs des biens de l'église. 417
Les autels dépouillés; les saints maltraités. 419
N° 3. Meurtre d'André de Hongrie, roi de Naples. 420
Le reine Jeanne et le pape. ib.
N° 4. Mœurs de la cour papale en France. 421

Chapitre V. Innocent VI. 426
Excommunication des Ordelaffi, et ses suites. ib.
Croisade. 428
Défense de Césène par Cia, femme de François Ordelaffi. ib.
— État de l'Italie à cette époque. 429
Le seigneur de Milan, excommunié parce qu'il était puissant. 430
— Croisade contre lui. ib.
— Il méprise les foudres papales. 431
L'anarchie et l'ignorance triomphent en Italie. 432
Trahisons des *pasteurs* de Grégoire XI. 433
Les Florentins font révolter toute l'Italie contre le pape. ib.
— Grégoire jure de les exterminer. 435
— Bulle abominable contre eux. 436
— Ils résistent courageusement. 438
Conduite atroce des légats pontificaux. ib.
Pillage de Faenza. 440

Pages.

Massacres de Césène. 440

Sac de Bolséna. 442

Notes supplémentaires.

N° 1. Les Visconti, tyrans atroces, ne sont anathématisés que pour hérésie. 444

N° 2. Grossière ignorance des moines au quatorzième siècle. *ib.*

TOME V.

LIVRE VII. — DIFFÉRENDS ENTRE LES PAPES ET L'ÉGLISE (XVe SIÈCLE).

Chapitre I. Les papes seuls profitent des victoires du parti sacerdotal. 2

— Ils dominent despotiquement le clergé. *ib.*

Les prêtres veulent ressaisir l'indépendance en demandant la réforme des abus. 3

— Ils manquent de prudence pour l'opérer. 4

Martin V. *ib.*

— Sa politique à l'égard de Naples. 5

Martin craint le concile général. 7

Haine d'Eugène IV contre les Colonna, et ses suites. 9

Concile de Bâle. 11

— Il se constitue au-dessus du pape. *ib.*

Menaces des pères de Bâle. 12

Le pape se soumet. 13

Chapitre II. Eugène IV est dépouillé de ses états. 15

Conduite tyrannique des prélats chargés de soutenir les intérêts du pape en Italie. 16

Eugène se brouille avec le concile de Bâle. 17

— Réformes et entreprises de cette assemblée. *ib.*

— Anathèmes des deux conciles. *ib.*

— Le pape lui oppose celle de Ferrare. 19

Réunion des Grecs à Florence. 21

Eugène IV, condamné et déposé à Bâle. 22

Félix V. 23

Schisme. 24

Pragmatique-sanction en France. 25

Pages.

—Elle est adoptée en Allemagne. ib.

Inconstance ambitieuse d'Eugène IV. 27

—Son ingratitude. 28

Portrait d'Eugène IV par Pie II. 30

Note supplémentaire.

Élection des évêques en France. 32

Chapitre III. Nicolas V. 35

Soumission du concile de Bâle. ib.

Fin du schisme. 37

Gouvernement de Rome. ib.

Conjuration d'Étienne Porcaro. 38

—Elle est découverte, et punie avec barbarie. 39

Affaires de Naples. 41

L'archevêque d'Upsal, soutenu par Calixte III, chasse Charles Knutson de la Suède. 42

—Chrétien I le punit. ib.

—Il cherche à mettre des bornes à l'ambition et à l'avidité de la cour de Rome. ib.

Énée Sylvius devient pape et prend le nom de Pie II. 43

Bulle *Execrabilis.* 44

Abolition de la pragmatique-sanction par le pape. ib.

Note supplémentaire.

La confession refusée aux condamnés à mort. 46

Il suffit de se confesser à Dieu. 47

Chapitre IV. Constantinople est pris par les Turcs. 51

Pie II prêche la croisade et fait la guerre aux chrétiens. ib.

Les Angevins excommuniés. 53

Paul II. 55

—Conditions de son élection. ib.

—Mauvaise foi du pape. 56

—Son caractère. 57

Proscription des savans. ib.

Note supplémentaire.

Tarifs généraux des péchés, et leur prix. 59

Chapitre V. Sixte IV achète la papauté. 64

—Son ambition pour ses enfans. ib.

Pages.

Profusions du cardinal de Saint-Sixte. 65

Conjuration des Pazzi. 67

—Le pape en est le chef. *ib.*

—Elle échoue. 69

Excommunications effroyables contre les Florentins. 70

—Guerre qui en est la suite. 72

La république prend des mesures vigoureuses. 73

—Elle est forcée de céder. 74

Nouvelles guerres suscitées par le pape. 75

—Il est accusé d'empoisonnement. 77

Sixte IV craint les Vénitiens, ses alliés. *ib.*

—Il renouvelle contre eux la bulle abominable de Clément V. 78

Les Colonna, proscrits par le saint siége. 80

Infamie de Sixte IV. 81

Note supplémentaire.

Les filles de joie et l'église romaine. 84

Chapitre VI. Convention des cardinaux en conclave. 88

—Innocent VIII achète leurs voix. 89

—Sa conduite politique. *ib.*

Fermeté du roi de Naples. 90

—Il est excommunié, mais sans résultat. 91

Vie privée d'Innocent VIII. 92

—Son administration. 93

—Sa vénalité, imitée par ses employés. *ib.*

Supplices. 94

LIVRE VIII. — SEIZIÈME ET DIX-SEPTIÈME SIÈCLES.

Chapitre I. Les papes s'éclairent et se corrompent. 97

Passage remarquable de Guichardin sur leur domination temporelle. *ib.*

Décadence de l'autorité pontificale. 100

Intrigues d'Alexandre VI pour obtenir la tiare. 102

Affranchissement de l'empire. 103

Expédition de Charles VIII en Italie. *ib.*

Politique versatile et intéressée du pape. 104

—Il se soumet aux Français. 105

Menaces d'Alexandre VI contre Charles VIII vaincu. 106

—Il s'allie avec Louis XII. *ib.*

Pages.

Crimes de la famille papale. 108
César Borgia. ib.
—Ce que le roi de France fait pour lui. ib.
Simonie, scandales et forfaits d'Alexandre VI. 109
—Ses enfans. 111
—Lucrèce, sa fille, gouvernante des états de l'église. 113
Alexandre meurt empoisonné. ib.

Notes supplémentaires.

N° 1. Chaise percée pontificale. 116
La papesse Jeanne. ib.
N° 2. Un des fils du pape tue son frère. 118
Maîtresses d'Alexandre VI. ib.
M. Roscoe, apologiste de la famille pontificale. ib.
N° 3. Alexandre VI donne l'Amérique aux Espagnols et aux Portugais. 119
Extermination des Américains. ib.
N° 4. Banquet pontifical des cinquante courtisanes. 120
Alexandre VI et sa cour. 121
N° 5. Impeccabilité des papes. 122
—Leur infaillibilité, que le pape Adrien VI nie infailliblement. 123

Chapitre II. Jules II veut être le dernier pape simoniaque. 124
—Ses efforts pour rétablir l'autorité temporelle du saint siége. ib.
—Il organise la ligue de Cambrai contre les Vénitiens. 125
Jules accable les Vénitiens de malédictions. 126
—Sa duplicité. 127
Le pape, jaloux de ses alliés, les excommunie. 128
—Il fait la guerre au duc de Ferrare. ib.
Le roi de France fait assembler un concile contre le pape. 129
—Les cardinaux le secondent. 130
Jules se met à la tête de ses troupes. 132
Favoris du pape. 133
Émeute à Rome. ib.
Jules oppose un concile au concile de ses ennemis. 134
Le pape, suspendu. 135
—Il se venge par des malédictions. 136
—Il meurt de haine contre les Français. 137

Chapitre III. Portrait de Léon X. 139
—Il éteint le schisme du concile de Pise. 140

Pages.

Concordat avec François Ier. 141

Abolition définitive de la pragmatique-sanction par le roi. ib.

Le concordat déplaît aux Français. 142

Ambition des Médicis. 144

Conspiration de cardinaux contre Léon X. ib.

Politique incertaine du pape. 145

— Sa perfidie. 147

Chrétien II fait la conquête de la Suède. 148

— D'accord avec l'archevêque d'Upsal, il fait massacrer les vaincus comme hérétiques et excommuniés. 149

Rome provoque une enquête. 150

Ayant fait preuve d'orthodoxie, Chrétien est absous, sous Léon X. ib.

Adrien VI fait condamner le roi et déposer l'archevêque d'Upsal. ib.

Contraste entre Adrien et Léon. 151

Adrien VI voulait la paix entre les chrétiens et la réforme de l'église. ib.

Notes supplémentaires.

N° 1. Concordat. 152

Élections. ib.

N° 2. Adrien VI et le chanoine-prêtre Berni. 153

Chapitre IV. Clément VII. 156

— Il favorise le parti français. 157

Révolte des Colonna. 158

Paix du pape avec l'empereur. 159

L'empereur trompe le pape. 160

Sac de Rome. 161

— Horreurs qu'y commettent les soldats hérétiques de sa majesté apostolique. 162

Le pape est menacé d'être pendu. 163

Sac de Pavie par les Français. 165

Les Médicis chassés de Florence. 166

Hypocrisie de Charles-Quint. ib.

— Il fait rendre la liberté au pape. 167

Clément VII se venge cruellement de ses compatriotes. 168

— Son népotisme. 170

La religion des rois est un instrument de leur ambition. 171

Notes supplémentaires.

Le saint prépuce de Jésus et le lait de la sainte Vierge. 172

Pages.

Chapitre V. Paul III, accusé d'athéisme et de nécromancie. 175

Bulle *In cœna Domini.* *ib.*

—Elle est rejetée par les catholiques. 177

Paul III se brouille plusieurs fois, tantôt avec l'empereur, tantôt avec les Français. 178

Pierre-Louis, bâtard du pape. 179

Paul viole les canons de l'église. 180

Jules III, allié de Charles-Quint. 182

La France menace de se séparer de l'église romaine. 183

Notes supplémentaires.

N° 1. Excommunications lancées à l'appui de la bulle *In cœna.* 185

N° 2. Pierre-Louis Farnèse, fils du pape Paul III, viole un évêque et le tue. 186

Chapitre VI. Paul IV, persécuteur, acharné des hérétiques. 189

—Son caractère. *ib.*

—Sa haine pour le parti impérial. 190

Prétentions absurdes des papes. 192

Charles-Quint et Philippe II, excommuniés. 193

Paul punit ses neveux. 194

—Il établit l'inquisition à Rome. 195

—Le peuple l'abolit. 196

Pie IV fait mourir les Carafa. 197

—Dans la suite, saint Pie V les déclara innocens. 198

Conspiration contre Pie IV. *ib.*

Cruauté de saint Pie V envers les hérétiques. 200

—Il empiète sur les droits de l'empereur. 201

Tentative d'assassinat sur saint Charles Borromée. 202

Chapitre VII. Réforme du calendrier. 204

Décrets sévères de Sixte-Quint. 205

—Sa cruauté. 207

Vulgate. *ib.*

Bulle de Clément VIII contre le duc de Ferrare. 208

—Usurpation de ses états par l'église. 210

Paul V, zélé pour les immunités ecclésiastiques. 211

Sentence effroyable contre les Vénitiens. 212

—Henri IV les fait absoudre. 213

Fra Paolo poignardé par ordre de la cour de Rome. 214

Pages.

Écrits favorables au régicide. 215
Népotisme de Paul V. 217

Chapitre VIII. Conduite d'Urbain VIII pendant la guerre de trente ans. 218
Condamnation de Galilée. 219
Excommunication lancée par le pape pour enrichir ses neveux. 220
Innocent X, gouverné par sa belle-sœur. 221
Incamération de Castro et Ronciglione. 222
Aveugle ambition d'Alexandre VII. 223
—Ses démêlés avec la France. ib.
Mauvaise foi du pape. 224
—Son humiliation devant Louis XIV. 225
La régale. 226
Les quatre articles du clergé de France. 227
Les franchises. 231
Louis XIV fait braver le pape jusque dans les églises de Rome. ib.
Avarice d'Alexandre VIII. 233
Le népotisme condamné par une bulle. ib.
Accord du saint siége avec la France. 234
Le chevalier Borri, visionnaire. 235

Notes supplémentaires.

Nº 1. Galilée. 237
—Ce qu'en pense le Saint-Office au dix-neuvième siècle. ib.
Omniscience du pape. ib.
Nº 2. Les sermons du P. Oliva. 238
Nº 3. Protestation secrète d'Alexandre VII contre le traité public qu'il avait conclu avec Louis XIV. 240
Progression des formules prétentieuses de la cour de Rome. ib.

LIVRE IX. — DIX-HUITIÈME SIÈCLE.

Chapitre I. Catholicisme anti-ultramontain. 243
—Les Italiens le combattent par politique. 244
La liberté de penser prépare une révolution générale et radicale. 245
De la liberté de penser surgit nécessairement la liberté d'agir. 246
Guerre pour la succession d'Espagne. 247
Le pape, humilié par l'empereur. 248

Pages.

Monarchie sicilienne. 249

—Le saint siége, qui l'a fondée, cherche à la renverser. ib.

—Ce qui porte Clément XI à l'abolir. 251

Fermeté du gouvernement sicilien. 252

Situation embarrassante du pape. 254

—Il défend de jouer à la loterie, défense qui est bientôt levée par Clément XII. 255

Projet de réunir l'église russe à l'église romaine. ib.

Pierre-le-Grand fait tourner le pape en ridicule pour empêcher toute réunion. 256

Chapitre II. Procès scandaleux du cardinal Coscia. 257

Imprudence du saint siége. ib.

Censures contre les francs-maçons. 258

Actions louables de Benoît XIV. 259

Les immunités ecclésiastiques, attaquées de toutes parts. 261

Le gouvernement vénitien défend toute relation avec Rome, si ce n'est par son entremise. ib.

Condamnation des ouvrages philosophiques. 262

Les jésuites. 264

—Ils sont chassés du Portugal comme conspirateurs. 265

Banqueroute du P. Lavalette. 266

Le parlement condamne la doctrine des jésuites. 267

La société de Jésus, supprimée en France. 269

Note supplémentaire.

Les francs-maçons et les illuminés. 272

La maçonnerie aux Pays-Bas. 273

Chapitre III. Clément XIII soutient la société. 274

Opposition du parlement au saint siége. 275

Bulle *Apostolicum.* 276

Tous les gouvernemens se déclarent contre le pape. 277

Assemblée du clergé de France. 278

Les jésuites chassés d'Espagne, des Deux-Siciles, de Malte, de Parme et de Plaisance. 279

Bref injurieux contre Parme. 280

Mesures de vigueur des gouvernemens. 281

L'Espagne demande une réparation solennelle au saint siége. 282

	Pages.
La France se déclare avec encore plus de force.	283
Réformes religieuses en Italie.	285
Notes supplémentaires.	
N° 1. Bulle *In cœna Domini.*	288
N° 2. Statistiques religieuses.	292
Chapitre IV. Clément XIV.	302
—Ses dispositions conciliatrices.	303
—Il termine les différends avec Parme et Plaisance.	*ib.*
Bulle de suppression des jésuites.	304
—Priviléges dont le saint siége les avait comblés.	307
—Plaintes contre eux.	308
—Leur turbulence et leur ambition.	309
Mort de Clément.	311
—Lettres de ce pape.	312
Notes supplémentaires.	
N° 1. Le catholicisme en Portugal.	814
N° 2. Les jésuites calomnient la Providence.	315
N° 3. Empoisonnement de Clément XIV.	316
N° 4. Les jésuites, après leur suppression par le saint-siége.	318
Chapitre V. Réformes religieuses des cours catholiques.	323
Réformes en Toscane.	*ib.*
Réformes dans les états héréditaires de la maison d'Autriche.	324
Joseph II vise à l'absolutisme moral.	*ib.*
—Détails dans lesquels il entre.	326
Plaintes de la cour de Rome, mal accueillies par le gouvernement autrichien.	329
Voyage de Pie VI à Vienne.	330
L'empereur continue ses réformes.	331
Projets hardis de Joseph II.	332
Abolition des nonciatures.	333
Congrès d'Ems.	*ib.*
Alarmes de la cour de Rome.	335
Chapitre VI. Synode de Pistoie.	337
Ricci, évêque de Pistoie et Prato, était sectaire.	*ib.*
—Le pape le condamne.	338
Tentatives de Léopold pour assembler un concile national.	339

Pages.

—Ses réformes religieuses. 341

Réglemens despotiques de Joseph II pour ses provinces des Pays-Bas. 342

L'université de Louvain, toute ultramontaine. 343

Révolution des Pays-Bas autrichiens. 344

—Elle est exclusivement aristocratique et cléricale. 345

—L'empereur Léopold rétablit le calme. 346

Fanatisme des Toscans. *ib.*

Réformes religieuses à Naples. 348

Accord avec la cour de Rome. 350

Égards des puissances non catholiques pour le saint siége. 352

Note supplémentaire.

L'inquisition à Naples, dans la seconde moitié du dix-huitième siècle. 353

LIVRE X. — RÉVOLUTION FRANÇAISE.

Chapitre I. La lutte entre les rois et les papes était une lutte de principes et une question de liberté. 355

—Il était bon qu'elle fût terminée avant l'engagement de la lutte générale et définitive. 356

La puissance religieuse, humiliée par le pouvoir civil. 357

Les rois ne travaillent, comme avaient fait les papes, que pour eux seuls. *ib.*

—Ils ne savent pas manier l'opinion religieuse, dont ils usurpent la direction. 358

Rome tombée par sa faute. *ib.*

—Impolitique des gouvernemens qui précipitent sa chute. 359

La philosophie s'élève sur les débris du jansénisme et de l'ultramontanisme. *ib.*

La royauté se perd par les mêmes fautes que la papauté. 360

Les passions dénaturent l'œuvre préparée par la philosophie. 361

—Elles étaient provoquées par des siècles d'humiliations et d'injustices. *ib.*

La génération révolutionnaire était peu propre à la réorganisation. *ib.*

Louis XVI rappelle les parlemens. 362

Affaire du collier. 363

Les états-généraux. 364

L'assemblée nationale détruit à jamais l'influence politique du clergé avec ses richesses. 366

Pages.

Abolition des vœux monastiques. 366
Constitution civile du clergé. 368
—Elle est sanctionnée par le roi. 370
—Le clergé, soutenu par la cour de Rome, proteste contre elle. ib.
Serment exigé des prêtres. 371

Note supplémentaire.

Cagliostro. 373

Chapitre II. Pie VI condamne l'église constitutionnelle. 376
—Les anciens évêques acceptent cette sentence. 377
Avignon réuni à la France. 378
L'assemblée législative sape le christianisme. 379
Provocations des prêtres réfractaires. ib.
Exhortations du pape. 380
Persécutions des insermentés. 381
Supplice de Louis XVI. 382
La convention déporte les prêtres. 383
Abjuration de quelques ministres des autels. 384
Fanatisme des Vendéens. 385
Chouannerie. ib.

Note supplémentaire.

L'Angleterre, et les prêtres émigrés. 387

Chapitre III. Fin de la terreur. 388
Réaction nobiliaire et sacerdotale. 389
Les constitutionnels veulent rétablir le culte. 390
Nouvelles persécutions. ib.
Le général Bonaparte menace les états de l'église. 392
Pie VI, ennemi de la république. ib.
Armistice. 393
Fanatisme des sujets du pape. 394
Le pape rompt l'armistice. 395
Paix de Tolentino. 396
—Elle excite des murmures en France. ib.
Chute de l'oligarchie vénitienne. 398
Cessation des persécutions religieuses. 399
Influence du 18 fructidor. ib.
Les prêtres abusent de la tolérance. 400

Pages.

Concile constitutionnel à Paris. 401

Lois religieuses de la république cisalpine. 402

Sentimens démocratiques de l'évêque Chiaramonti, depuis le pape Pie VII. ib.

Meurtre de Bassville. 403

République romaine. 404

Journal républicain, publié par un moine. 405

Notes supplémentaires.

N° 1. Vierges miraculeuses, à la fin du dix-huitième siècle. 408

N° 2. Lettre de Pie VI au général Bonaparte, et réponse du général au pape. ib.

Chapitre IV. Fuite du pape. 410

Révolte des prêtres et de la populace à Rome. ib.

—Les campagnes se soulèvent également. 411

Mort de Pie VI. 412

République parthénopéenne à Naples. 413

—Croisade contre elle. 414

—Massacres juridiques. ib.

Réformes religieuses en Espagne. 415

Pie VII, élu pape à Venise. 416

Bonaparte, chef du gouvernement, veut avoir un clergé. 418

—Ses négociations avec le saint siége. 419

Concile national des constitutionnels. ib.

Notes supplémentaires.

N° 1. Pie VI. 421

N° 2. Terrorisme royaliste à Naples. 422

Caroline d'Autriche. ib.

N° 3. Lettre de Pie VII au prétendant de France (Louis XVIII). 423

N° 4. Mahométisme du général Bonaparte. ib.

N° 5. Il ne faut pas se laisser détourner de son devoir par la crainte d'une excommunication injuste. 425

Chapitre V. Dix-neuvième siècle. 427

État religieux de la France. ib.

Opposition des anciens évêques au concordat. 428

—Publication de ce traité. 429

—Opinions diverses à ce sujet. 431

Pages.

Napoléon se reproche sa soumission au pape. 432

Nouvelle lutte entre les deux pouvoirs. 433

Articles organiques du concordat. *ib.*

Plaintes des prêtres. 435

Concordat de la république italienne. 436

Églises d'Allemagne. 437

Notes supplémentaires.

N° 1. Concordat de 1801. 440

N° 2. Doctrine anti-sociale du saint siége, au dix-neuvième siècle. 445

Chapitre VI. Schisme dans l'église de France. 447

Anti-concordatisme. 448

Pie VII à Paris. 449

Sacre de Napoléon. 450

Rupture avec la cour de Rome. 451

Dissolution de l'empire d'Allemagne. 452

Demandes de Napoléon au pape. 453

Rome au pouvoir des Français. 455

Guerre d'Espagne. 457

— Elle est rendue atroce par l'intervention des prêtres et des moines. *ib.*

Réunion des états de l'église à l'empire français. 459

Notes supplémentaires.

N° 1. Le saint siége est essentiellement opposé à la liberté civile de conscience. 460

N° 2. Il est permis, il est même ordonné de tuer les hérétiques. *ib.*

Chapitre VII. Pie VII, attaqué de toutes parts. 463

L'abbé Blanchard. *ib.*

Le pape excommunie Napoléon. 465

— Pour se venger du gouvernement français, il punit l'église de France. 467

L'empereur convoque la première commission ecclésiastique. 469

— Seconde commission. 470

Députation à Savone. 471

Le pape se montre disposé à contenter l'empereur. 472

Concile de Paris. 474

— Ses décisions. 475

Pages.

—Elles sont approuvées par le pape. 476

—L'empereur ne leur donne pas de suite. 477

Notes supplémentaires.

N° 1. L'anti-concordatisme. 480

No 2. Excommunication de Napoléon. 486

Chapitre VIII. Campagne de Russsie. 488

Concordat de Fontainebleau. 489

Les idées et les dispositions du pape changent avec les circonstances. 491

—Sa rétractation. 492

—Réflexions de M. de Pradt sur cette versatilité. 494

Chute de Napoléon. 495

Effets de la restauration sur les affaires ecclésiastiques. 497

Tous les abus sont restaurés en Espagne. *ib.*

—Les cortès les renversent. 498

—Les *cent jours*. 500

Congrès de Vienne. *ib.*

Réunion de la Belgique à la Hollande. 501

Concordat de Louis XVIII. 502

L'opposition canoniste se relève. 503

—Moyens de défense de la cour de Rome. 504

Tolérance des puissances protestantes. 506

—Le pape en empêche les heureux effets. 507

Note du cardinal Consalvi. 508

Concordat avec la Bavière. 510

Ère de 1830. 511

Notes supplémentaires.

No 1. Effets immédiats de la restauration du pape comme prince temporel. 513

No 2. Les papes veulent l'abaissement des puissances hérétiques. 514

No 3. Les anti-concordatistes, et le concordat de 1817. *ib.*

Pages.

TOME VI.

DEUXIÈME PARTIE. — DOGMES, MOEURS, DISCIPLINE ET SCHISMES.

LIVRE I. — Les papes au xe et au xie siècles.

Chapitre I. Un véritable chrétien ne peut être, ni pape, ni, moins encore, roi. 1

Il est possible d'être mauvais pape et mauvais roi tout ensemble. 3

Opinion du cardinal Baronius sur les papes du dixième siècle. ib.

L'évêque Formose prisonnier de Jean VIII. 4

—Il devient pape. ib.

—Étienne VI, son successeur, fait déterrer, condamner et mutiler son cadavre. 5

Étienne est étranglé. 6

Formose est réhabilité. 7

Concile de Jean IX. 8

Troubles du siége de Rome. ib.

—Théodora règne dans cette ville. 10

—Elle fait élire pape Jean X, son amant. ib.

Marozie, fille de Théodora. 11

—Elle fait pape, sous le nom de Jean XI, le fils qu'elle avait eu du pape Serge III. ib.

Hugues, roi d'Italie et mari de Marozie, chassé de Rome. 12

Note supplémentaire.

Le pape Jean X. 14

L'impératrice Willa. ib.

Chapitre II. Octavien, duc de Rome, se fait pape; et prend le nom de Jean XII. 16

—Il trahit l'empereur Othon. 17

Crimes du pape. ib.

—Un concile le juge. 19

—Il excommunie l'empereur. 20

—L'empereur le dépose et le remplace. 22

Perfidie de Jean XII. 23

—Sa cruauté. ib.

Il est tué dans un rendez-vous galant. 24

Le pape Benoît V confesse qu'il est un faux pape, devant Léon VIII, que l'église regarde comme un faux pape. 25

Pages.

Les Romains demandent un pape à l'empereur. 26

Benoît VI, étranglé. 27

Le pape Boniface vole l'église de Saint-Pierre, et s'enfuit à Constantinople. ib.

—Il retourne, et fait mourir de faim le pape Jean XIV. 28

Chapitre III. Crescentius. 30

—Ce qu'il fait pour l'indépendance de sa patrie. 31

—Il est exilé par le pape Grégoire V et l'empereur Othon III. ib.

—Il s'adresse aux Grecs, et chasse Grégoire V. 32

—Les Romains le trahissent. 34

Cruauté du pape de l'empereur envers le pape de Crescentius. 35

—Le consul succombe. 36

—Stéphanie, sa femme, empoisonne l'empereur. 37

L'abbé Gerbert. ib.

—Il est nommé archevêque de Reims. 38

—Puis archevêque de Ravenne. 39

—Devenu pape, il est pris pour sorcier. 40

Note supplémentaire.

Désordres de l'église de Reims. 42

Chapitre IV. Jean XIX achète le pontificat. 43

Benoît IX, pape à l'âge de dix ans. ib.

—Ses crimes. 44

—Il vend la papauté. 45

Cinq papes à la fois. 46

Désordres de l'église de Rome. 47

L'empereur dépose les trois papes effectivement siégeant. 48

—Il en choisit un nouveau. 49

Fin de Benoît IX. 50

—Saint Pierre Damien le place en enfer. ib.

Politique d'Hildebrand. 51

Les Romains veulent empoisonner Victor II, que leur avait envoyé l'empereur. 52

Benoît X élu par les Romains. 53

—Il est déposé par l'empereur pour sa nullité. 54

—Nicolas II le dégrade. ib

Alexandre II, créature d'Hildebrand. 55

Pages.

Notes supplémentaires.

N° 1. Grégoire VI, un des papes déposés par l'empereur Henri III. 56
N° 2. Acte de justice de Benoît IX. 57
—Il est damné pour tout de bon. *ib.*
—Son oncle Benoît VIII, délivré de l'enfer. *ib.*
Le purgatoire en Sicile. *ib.*

LIVRE II. — MARIAGE DES PRÊTRES ET SIMONIE.

Chapitre I. Le culte des privations est naturel à l'homme peu éclairé. 59
Les religions s'établissent dans les siècles d'ignorance. *ib.*
—Transformations qu'elles subissent. 60
Réformes que l'église romaine admet dans son sein en les circonscrivant. *ib.*
—Autres qu'elle repousse et déclare hérétiques. *ib.*
Continence du clergé, long-temps facultative. 61
—Saint Ambroise la combat comme loi imposée par l'église. 62
Simonie. 64
—Son universalité. 65
—Conciles pour l'extirper. 67
Le mariage des prêtres, condamné. 69
Dissolution des mœurs du clergé. 70
Témoignage de saint Pierre Damien. 71

Notes supplémentaires.

N° 1. Les prêtresses, femmes des prêtres. 75
N° 2. Corruption du clergé. 76
Questions adressées aux hommes et aux femmes par les confesseurs. 79

Chapitre II. Conciles d'Étienne IX. 83
Le concile de Latran condamne les prêtres simoniaques et les incontinens. 84
Il n'y avait que très peu de prêtres célibataires en Italie. 85
Troubles à Milan, au sujet de la continence des prêtres. 86
L'ambition de l'église romaine y occasionne un schisme. 88
La cause du clergé ambrosien est portée devant le saint siége. 89
Nicolas II ne décide rien sur la question controversée. 91
Les *arialdistes* milanais font condamner le mariage des prêtres. *ib.*
Politique modérée du pape. 92

Pages.

Chapitre III. Troubles en Toscane. 94

Dispute de l'évêque de Florence et des moines vallombrosains. *ib.*

—Elle est soumise à l'arbitrage de saint Jean Gualbert, fondateur de la Vallombreuse. 96

—Elle est décidée par l'épreuve du feu. 97

L'archevêque de Milan protége les prêtres mariés. 98

—Le pape fait prendre les armes contre eux. 99

Excès des arialdistes. *ib.*

Persécutions contre les prêtres mariés. 101

—Conférence entre les deux partis. 102

Les arialdistes excitent de nouveaux troubles. 104

Saint Ariald est massacré. *ib.*

Guerre générale. 105

Vengeance de saint Herlembald. 106

Incendies. 107

Note supplémentaire.

Jugemens de Dieu. 109

Chapitre IV. Grégoire VII se déclare pour le célibat obligé des prêtres. 112

Murmures du clergé allemand. 113

Imprudence de saint Herlembald. 116

—Il est tué. 117

Fin de la guerre arialdiste. *ib.*

Prêtres toscans mariés, à la fin du onzième siècle. 119

Les prêtres anglais sont forcés au célibat. *ib.*

Le légat pontifical, en Angleterre, est surpris couché avec une fille. 120

Grossolanus, archevêque de Milan, accusé de simonie. 121

Épreuve du feu. 122

Concile de Latran. 123

Le siége de Milan, disputé par plusieurs compétiteurs. 124

—Combat sanglant entre eux. 126

Note supplémentaire.

Grégoire VII fait dépendre l'efficacité des sacremens de la pureté de celui qui les confère. 128

Chapitre V. Concubinage universel des prêtres catholiques. 129

Les Scaniens veulent forcer les prêtres à se marier. 130

Témoignage du prélat de Canosa. 131

Pages.

Concile de Rouen. 132

Mesures prises en France contre le concubinage des prêtres. *ib.*

Les concubines des prêtres napolitains, soumises aux tributs ordinaires. 133

Concile de Valladolid. 135

Corruption des prêtres de Narbonne. 136

Bâtards des prêtres lorrains. *ib.*

Passage remarquable de Nicolas de Clamenges. *ib.*

Pie II conseille de permettre le mariage des prêtres. 139

Les prêtres catholiques grecs-unis sont mariés. 140

Notes supplémentaires.

N° 1. Lettre de l'évêque de Potenza (fin du dix-huitième siècle) sur le célibat des prêtres. 142

N° 2. Taxe payée par les prêtres aux évêques pour obtenir le droit d'avoir une maîtresse. 143

—Autre au gouvernement pour que cette maîtresse ne fût pas exposée aux séductions des militaires. *ib.*

N° 3. L'entrée des couvens défendue, en Orient, aux femelles des animaux; en Occident, aux femmes. 144

Chapitre VI. Églises réformées. 145

Luther rend la faculté de se marier aux ministres du culte. *ib.*

—Zwingle fait de même. 146

Intérim de Charles-Quint. *ib.*

Demandes des catholiques au pape et au concile de Trente, concernant le mariage des prêtres. 147

La continence des prêtres est déclarée d'obligation. 149

Réclamations des Allemands. 150

Derniers et vains efforts de l'empereur d'Allemagne et du duc de Bavière pour obtenir le mariage des prêtres catholiques. 152

Note supplémentaire.

L'évêque de Tournay (seizième siècle) protége les concubines des prêtres de Bruges. 154

LIVRE III. — LES MANICHÉENS.

Chapitre I. Le raisonnement éclaire l'homme sans le moraliser. 157

Contradiction entre les principes de l'homme et ses actes. *ib.*

Pages.

Les chefs de secte prêchent toujours une morale sévère. 158

Les manichéens, calomniés par les catholiques. 159

—On a abusé de l'exagération de leur doctrine pour se jeter dans le désordre. 160

—Ils sont persécutés dans l'Occident. 161

Manès ente la philosophie sur le christianisme. 162

Système des deux principes. 163

Austérité des manichéens. 165

Manès, persécuté par les Perses. 166

Discussion entre les manichéens et les catholiques orientaux. 167

Profession de foi manichéenne. *ib.*

Massacre des manichéens par saint Léon Ier, pape. 169

Massacre par les ariens d'Afrique. 170

Les manichéens sont exterminés en Perse. 171

—Saint Jean Damascène veut qu'on les brûle. *ib.*

Paulianistes. 172

Bulgares, Boulgres ou Bougres. 174

Chapitre II. Manichéens à Orléans. 176

Cruauté de la reine Constance. 177

Manichéens dans le Piémont. *ib.*

—Ils sont brûlés vifs. 179

Humanité de saint Pierre Damien. *ib.*

Supplice des manichéens en Allemagne. 180

Dispositions barbares du troisième concile de Latran. 181

Paterins de Florence. 182

Les manichéens à Orviète. 184

—Ils se révoltent. *ib.*

Croisade contre les manichéens de Lorraine. 185

Manichéens à Paris. 186

Chapitre III. Les albigeois. 187

—Leurs dogmes. *ib.*

Saint Dominique. 189

—Son hypocrisie. 190

Indulgences promises aux meurtriers des hérétiques. 191

—Raymond VI, leur protecteur. 192

Assassinat du légat pontifical, et ses suites. *ib.*

Humiliation de Raymond. 194

Pages.

Croisade. 194

Massacre des albigeois à Beziers. 195

Simon de Montfort accepte les terres des hérétiques. 196

—Sa cruauté. 197

—Le comte Raymond se déclare contre lui. 198

Chapitre IV. Vains efforts de Raymond pour obtenir la paix du pape. 200

Atrocités des deux parts. 201

Massacres des albigeois. *ib.*

Revers du comte Raymond. 203

—Il est anathématisé. *ib.*

Le roi d'Aragon prend la défense des hérétiques. 205

—Son intervention pacifique est refusée par les catholiques. *ib.*

—Il leur fait la guerre. 206

—Il est vaincu et tué. 207

Exaspération des deux partis. *ib.*

Simon de Montfort, créé comte de Toulouse. 208

Système de persécution du quatrième concile de Latran. 209

Le comte Raymond reprend l'offensive. 210

Mort du comte Simon. 211

Note supplémentaire.

Deuxième concile œcuménique, quatrième de Latran : *De hæreticis.* 212

Chapitre V. Caractère de saint Dominique. 214

Les frères prêcheurs. 215

Saint François d'Assise. *ib.*

Les frères mineurs. 217

—Hérésies nombreuses à cette époque. *ib.*

Le pape Innocent III, au purgatoire. 218

Cruautés exercées par les catholiques. 219

Organisation du clergé manichéen. 221

Relâchement des persécutions contre les albigeois. *ib.*

—Nouvelles excommunications. 222

—Louis VIII se croise contre eux. 223

La destruction et la désolation marchent à la suite des croisés. *ib.*

Réconciliation forcée du comte Raymond VII. 225

Inquisition. *ib.*

Pages.

Note supplémentaire.

Saint François et ses disciples. 227
—Son squelette. 230

Chapitre VI. Manichéens d'Italie. 232
—Grégoire IX emploie le fer et le feu pour les exterminer. *ib.*
Zèle barbare de l'inquisiteur frère Jean de Vicence. 233
Persécutions de l'évêque de Toulouse. *ib.*
Boulgres, brûlés en Champagne. 234
Organisation de l'inquisition, au midi de la France. 235
—Le peuple se soulève contre elle. 236
—Elle marche canoniquement. 237
Le peuple massacre les inquisiteurs. *ib.*
Sainteté et miracles d'un manichéen. 239
—On lui fait son procès, après sa mort. 240
—Ses ossemens sont brûlés. 241
Le manichéisme s'évanouit. 242

Notes supplémentaires.

N° 1. Priviléges des inquisiteurs, et instructions qu'ils reçoivent du saint siége. 244
N° 2. Miracles. 245
Saints imaginaires. 253
Reliques baptisées. 254
N° 3. Inquisition d'Espagne. 256
Expulsion des Juifs et des Maures. 258

LIVRE IV. — Schismes de l'Église de Rome.

Section I. — Schismes des IXe, Xe et XIe siècles.

Chapitre I. Dévouement. 263
Égoïsme. *ib.*
Ambition. *ib.*
Ambition des prêtres. 264
Les papes. 265
—Premier schisme qu'ils occasionnent. 266
Le pape Anastase, iconoclaste. 267
—Benoît III le chasse. 268
Factions à Rome. *ib.*

Pages.

Honorius II, seul pape. 269
Portrait du voluptueux cardinal Pierre. 270
—Il se fait élire et appeler Anaclet II. 271
Schisme et combats. ib.
Le Normand Roger se fait investir du duché de Pouille. 272
—Anaclet II le déclare roi. 273
Innocent II dépose Anaclet, son rival. ib.
Innocent se soumet au roi Roger. 275
—Il excommunie le prince normand. ib.
—Il finit par confirmer les titres que Roger tenait de l'anti-pape. 276

Note supplémentaire.

Le pape. 277

Chapitre II. Élection d'Alexandre III. 280
—Victor III est élu en même temps. ib.
—Les deux papes s'adressent à Frédéric Barberousse. 281
L'empereur convoque un concile. 282
Victor est reconnu pape par les évêques. 284
—Il est confirmé par l'empereur. 285
Alexandre III maudit tous ses adversaires. 286
La France et l'Angleterre s'attachent à Alexandre. ib.
Politique de Frédéric, et ses efforts pour rétablir la concorde. 287
Victor III est condamné en France. 289
Progrès d'Alexandre. ib.
Frédéric lui offre vainement la paix. 290
Il s'humilie devant ce pontife à Venise. 291
Fin du schisme. 292

Note supplémentaire.

Salle dite *des Rois*, au Vatican. 294

Section II. — Grand schisme d'Occident.

Chapitre I. Avilissement du saint siége. 296
Le clergé méprisé. 297
Influence croissante du pouvoir civil et du clergé inférieur. ib.
Le saint siége, transféré de France à Rome. 299
Élection d'Urbain VI. 300
—Il se rend odieux aux cardinaux. 301

Pages.

Révolte du sacré collége. 302
Les cardinaux élisent Clément VII. 303
Excommunications réciproques, guerres, massacres, etc. 304
Urbain VI dépose la reine de Naples. 306

Note supplémentaire.

Les cardinaux. 308
—Leurs mœurs. *ib.*

Chapitre II. Urbain VI donne le royaume de Naples à Charles Durazzo. 309
Les deux papes pillent les églises pour faire la guerre dans le royaume de Naples. *ib.*
—Charles III demeure le maître. 310
Inconduite de Butylle, neveu du pape italien. 312
Urbain se brouille avec Charles. *ib.*
Les cardinaux accusés de conspiration contre le pape. 313
—Urbain les fait horriblement torturer. 314
—L'humanité force le roi de sévir contre lui. 316
Le pape, assiégé, lance des anathèmes. 317
—Il commet un assassinat. 318
—Les Génois chassent l'inflexible pontife. 319
—Sa haine contre les Durazzi. 320
—Il s'arme, et meurt. *ib.*

Note supplémentaire.

Saints et saintes obéissant aux papes et aux anti-papes pendant le schisme. 322
Sainte Catherine de Sienne. *ib.*
—Son mariage avec Jésus-Christ. *ib.*
Privautés entre la sainte Vierge et le dominicain Alain de la Roche. 323

Chapitre III. Simonie de Boniface IX. 324
La cour pontificale, convertie en banque d'usuriers. 325
Boniface oppose le roi Ladislas aux Angevins. 326
Excommunications. 327
Benoît XIII succède à Clément VII. *ib.*
—Efforts des puissances catholiques pour éteindre le schisme. 328
—Leur résultat. 329
Benoît XIII, prisonnier en France. 330
Prospérité de Boniface IX. *ib.*

Pages.

Vaines tentatives pour rétablir la république romaine. 331
Benoît XIII est mis en liberté, pour servir de contrepoids à Boniface. 332
—Opiniâtreté et mauvaise foi des deux papes. 333
Innocent VII succède à Boniface IX. 334
Troubles et massacres à Rome. ib.

Note supplémentaire.

Indulgences à gagner sans absolution, ni confession, ni contrition. 336

Chapitre IV. Grégoire XII, successeur d'Innocent VII. 338
Intrigues pontificales. 339
La France se soustrait à l'obéissance des deux papes. 340
—Elle fait condamner Benoît XIII. ib.
Entêtement de Grégoire XII. 341
Les deux papes sont abandonnés par leurs cardinaux. 342
—Balthazar Cossa se joint aux rebelles. 343
Convocation du concile œcuménique de Pise. 344
Benoît XIII excommunie les Français et leur roi. ib.
Grégoire excommunie les cardinaux. ib.
Comment le concile de Pise était composé. 345
Déposition des deux papes. 346
Balthazar Cossa fait élire Alexandre V. 347
Réforme de l'église et de son chef, manquée. ib.
Les trois papes s'excommunient. 349

Chapitre V. Le cardinal Cossa empoisonne Alexandre V. 351
—Il se fait pape, et prend le nom de Jean XXIII. 352
—Son portrait. ib.
—Il se déclare pour les Angevins de Naples. 353
Jean XXIII abandonne les Angevins par politique. 354
—Ladislas le trompe et s'empare de Rome. ib.
L'empereur Sigismond prend le parti de Jean XXIII. 355
Concile de Constance pour l'extinction du schisme. 356
Grégoire XII et Benoît XIII sont destitués. 357
Jean XXIII, accusé de divers crimes. ib.
Opérations du concile. 359
Fuite du pape. 360
Conduite des cardinaux. ib.
Procès de Jean XXIII. 361
—Ses adultères, incestes, homicides, etc. 363

Pages.

—Il est livré au concile, déposé et renfermé. 364

Fin du schisme. 366

Élection de Martin V. 368

LIVRE V. — Les Réformateurs.

Section I. — XIIe XIIIe et XIVe siècles.

Chapitre I. Comme toute autre doctrine, le christianisme a subi les variations auxquelles est soumis tout ce qui procède de l'intelligence humaine. 371

Système chrétien, et système catholique. 372

Théocratie pontificale. ib.

Réformateurs. ib.

—En le harcelant sans relâche, ils préparent la chute du catholicisme. 373

Pierre de Bruys. ib.

Doctrine des pétrobrusiens. 374

Pierre est brûlé. 376

—Ses disciples. ib.

—Saint Bernard prêche contre eux. 379

Miracle en faveur des catholiques. ib.

Tanchelin. 379

—Il prêche contre les désordres du clergé. 380

—L'orgueil le perd. ib.

—Il épouse la sainte Vierge. 381

—Un prêtre le tue. 383

Le tanchelinisme disparaît. ib.

Chapitre II. Arnaud de Brescia. 384

—Il est excommunié au deuxième concile de Latran. 386

—Saint Bernard s'acharne contre lui. ib.

Arnaud réorganise la république romaine. 387

Rome sous interdit. 388

Arnaud est exilé comme hérétique. ib.

—Livré par l'empereur au pape, il est brûlé vif. 389

Les popelicains. 390

—Leur doctrine. 391

Sectaires du midi de la France. 393

Décrets cruels du troisième concile de Latran contre les hérétiques. 394

Pages.

—Autres d'Alphonse, roi d'Aragon. 394
Pierre Valdo, et les pauvres de Lyon. 395
Les frères humiliés. 396
—Le pape leur oppose les frères prêcheurs et les frères mineurs. 397

Note supplémentaire.

Le troisième concile de Latran contre les hérétiques. 400

Chapitre III. Les vaudois. 401
—Leurs progrès. 403
—Ils se séparent entièrement de l'église romaine. *ib.*
—Leurs opinions. 404
—Réformes qu'ils introduisent. 405
—Leur morale. 406
—A quoi on les condamnait. 407
—Ordonné de leur *courre sus.* 408
—Combien leurs idées étaient répandues. 409
Hérétiques d'Allemagne et de Lorraine. 410
Inquisition. 411
Défense de s'assembler et de s'associer. 412
Cruauté des catholiques de France. 413
Lois barbares de Frédéric II. 414
Vaudois de la Savoie et du Piémont. 415
Persécutions sous prétexte de vaudoisie. 416
Vaudois du Dauphiné, à la fin du quinzième siècle. 417
Vaudois de Mérindol, vers le milieu du seizième siècle. 418
—Excès des soldats catholiques envoyés contre eux. 419
—Massacres, viols, incendies. 420
Carnages de Mérindol et de Cabrières. *ib.*
Révoltes forcées des vaudois du Piémont, à diverses époques. 424

Notes supplémentaires.

N° 1. Les vaudois, peints par le pape Pie II (quinzième siècle). 427
N° 2. Sorcellerie. 428
Sabbat. 429
Danse Saint-Jean. 435
Urbain Grandier. 437
N° 3. Pourquoi François Ier, qui protégeait les hérétiques en Allemagne, les faisait brûler en France. 438

Chapitre IV. Amauri. 440
—Ses disciples. *ib*

Pages.

L'abbé Joachim. 441

Inquisition en Italie. 442

Robert-le-Bougre. 443

F. Pierre de Vérone, assassiné par les nobles milanais. 444

—D'autres inquisiteurs, tués par le peuple, à Parme. 445

Flagellans de Lorraine et d'Allemagne. 446

La flagellation se propage en Italie. 449

Les pélerins blancs. 450

Notes supplémentaires.

N° 1. Pénitences bizarres et indécentes. 452

Processions d'hommes nus. *ib.*

Loi du pays de Galles. 453

N° 2. Pénitens blancs. *ib.*

Pélerinages. *ib.*

—*Scopatori.* 454

Chapitre V. Les *fratricelli* ou frérots. 455

Les béguins ou bégards se créent un pape. 456

—Les ossemens de ce pontife sont brûlés par ordre de Jean XXII. 457

Les fratricelli, divisés en deux sectes. 458

Tout l'ordre de saint François se déclare pour la pauvreté absolue de Jésus-Christ, contre Jean XXII. 459

Le pape et les moines se condamnent réciproquement. 461

—Louis de Bavière profite de cette dissension pour opérer un schisme. 462

Guillelmine se fait passer pour le Saint-Esprit incarné. 463

Dulcin de Novarre. 464

On fait une guerre à mort aux dulcinistes. 465

Combien les hérésies étaient répandues à cette époque. 466

Lois du quatorzième siècle contre les hérétiques. *ib.*

Les pastoureaux. 467

Les turlupins. 468

Grégoire XI les voue aux flammes. 469

Cecco d'Ascoli. 471

Notes supplémentaires.

N° 1. *Bizzochi* de saint François. 473

Les moines au quatorzième siècle. *ib.*

N° 2. Les juifs. 474

TOME VII.

Section II. — Les Hussites.

Chapitre I. Les réformateurs dégénèrent. 2
Nécessité d'une réforme, démontrée par les catholiques. *ib.*
Jean Wiclef. 3
—Ses opinions. 4
—Grégoire XI le condamne. *ib.*
—Les lollards, ses disciples. 5
Mort de Wiclef. 6
—Progrès de sa doctrine. 7
Les lollards troublent l'ordre public. 8
—Jean Oldcastell, leur protecteur, est arrêté. 9
—Il est condamné au concile de Londres. 10
On extermine les lollards. 11

Chapitre II. Le wicléfisme pénètre en Bohême. 13
—Jean Huss le prêche au peuple. *ib.*
Mesures que prend le clergé catholique. 15
Jérôme de Prague se moque publiquement des indulgences pontificales. 16
Le médecin Albicus, archevêque de Prague. 17
Jacobellus. 18
Concile de Constance. 19
Jean Huss est brûlé. *ib.*
Récit de la mort de Jérôme de Prague. 20
Condamnation du wicléfisme. 22
Notes supplémentaires.
N° 1. Dîmes, et avidité des prêtres. 24
N° 2. L'église catholique, au quatorzième et au quinzième siècle. 26

Chapitre III. Jean Huss et Jérôme sont honorés comme des martyrs. 30
Trente mille Bohémiens communient sous les deux espèces. 31
Massacres. *ib.*
Ziska. 32
La Bohême révoltée contre Sigismond. 33
Atrocités des deux parts. *ib.*

Pages.
Barbarie des orébites. 34
Les adamites ou picards. 35
— Ziska les extermine. 36
Les hussites se séparent des thaborites. 37
Opinions de Ziska. 38
— Ses horribles exploits. 39
Succès des réformés bohémiens, malgré leurs dissensions. 40
Mort de Ziska. 42

Chapitre IV. Procope-le-Rasé. 44
Croisades contre les Bohémiens. *ib.*
Concile de Bâle. 46
Le pape rompt toutes les mesures des pères pour la conversion des hussites. 47
Les Bohémiens se rendent au concile. 48
Naïveté de Procope. 49
Compactata. 50
Les utraquistes catholiques soumettent les hussites non réunis. 51
Eugène IV ratifie les opérations des pères de Bâle. 52
Les Bohémiens se soumettent à l'empereur et au pape. 53
— Ils sont réconciliés à l'église catholique. 55

Chapitre V. Nouveaux troubles. 57
Divisions entre les hussites. 58
Mauvaise foi du pape envers les utraquistes. 59
Pie II révoque les compactata. *ib.*
Paul II excommunie et dépose Georges Podiébrad, roi de Bohême. 60
Croisades et massacres. 62
Mathias Corvinus fait la guerre aux Bohémiens. 63
État de la Bohême, à la fin du quinzième siècle. 65
Luthéranisme. 66
Maximilien II abroge tacitement les compactata. 67
Le privilége de la coupe est rendu aux Bohémiens. 68
Les réformés subutraquistes, vexés par le gouvernement, se révoltent. 69
Guerre de trente ans. 70

Note supplémentaire.
Les hussites et thaborites jugés par le pape Pie II. 72

Pages.

Section III. — Luther.

Chapitre I. Il était impossible de réformer le christianisme, sans accélérer sa chute. 74
Les réformateurs bornent eux-mêmes la réforme. 75
— Apôtres de la liberté d'examen, ils prêchent l'autorité. 76
L'église réformée devient intolérante et persécutrice. 77
F. Thomas Conecte. *ib.*
République de Florence, à la fin du quinzième siècle. 78
Savonarole, réformateur républicain. 79
— Tous les partis se liguent contre lui. *ib.*
— Il est excommunié par Alexandre VI. 80
Épreuve du feu. 81
Savonarole torturé, condamné et brûlé. 83
Abus du catholicisme. 85
Reuchlin et Érasme. 87
Exactions papales. 88

Notes supplémentaires.

N° 1. Savonarole et son époque. 90
N° 2. Besoin de réforme ecclésiastique, prouvé par des citations d'auteurs non condamnés par l'église. 92
N° 3. Le vol, autorisé par le saint siége. 103

Chapitre II. Les indulgences. 106
Canons pénitentiaux. *ib.*
Donations pour le rachat des péchés. 107
Le système des indulgences l'emporte. 108
Croisades contre les infidèles. *ib.*
Croisades contre les hérétiques. 109
Les fidèles sont forcés de tester pour la croisade. 110
Le jubilé. 111
Vente des indulgences. 112
Témoignages des auteurs contemporains. 113
Impudence des quêteurs pontificaux. 115
Les abus vont croissant. 116
Imprudentes concessions de Léon X. 117
Avarice, dureté et inconduite des marchands d'indulgences. 119
Rivalité des augustins et des dominicains. 122

Pages.

Notes supplémentaires.

N° 1. Donations et legs *pro remedio animæ.* 124
N° 2. Trève de Dieu. *ib.*
N° 3. Indulgences. 125
Ames du purgatoire. 130
— Obligations qu'elles ont au chocolat. 131
N° 4. Le P. Olivier Maillard, sur les indulgences. *ib.*

Chapitre III. Martin Luther. 133
— La contradiction l'enflamme. 134
Formules d'absolution, vendues en Danemarck. 136
Conduite de Léon X. 138
— Il excommunie Luther. 139
Le réformateur fait brûler la bulle de Léon et toutes les décrétales des papes. 140
Diète de Worms. 141
Henri VIII d'Angleterre écrit contre Luther. 142
Bonnes intentions et aveux d'Adrien VI. 143
Plaintes des princes allemands. 145
Clément VII, opposé en toutes choses au pape Adrien. 146
Divisions entre les réformateurs. 147
Luther veut arrêter le mouvement de réformation. *ib.*
Anabaptistes. 148
Révolte des paysans; carnage. 149
Les anabaptistes dans l'erreur, mais de bonne foi. 150

Notes supplémentaires.

N° 1. Les anabaptistes. 153
N° 2. Supplices des anabaptistes, d'après les catholiques. 156
N° 3. Tyrannie seigneuriale. 157
Infamies et atrocités. *ib.*

Chapitre IV. Luther devient plus hardi. 159
Progrès de la réformation. *ib.*
Les *protestans.* 161
Confession d'Augsbourg. 162
Conférence inutile. 164
Tout le Nord se réforme. *ib.*
Clément VII craint de convoquer un concile. 165

Pages.

L'empereur veut terminer les différends par un édit. 167
—Il accorde provisoirement la liberté de conscience aux protestans. 168
Hésitations de Paul III sur le concile. 169
François Ier se rapproche des protestans. 170
Vains efforts pour réformer la cour de Rome. 171
Les novateurs sont persécutés dans toute l'Europe. 173
Le luthéranisme légalement établi en Danemarck. ib.
Colloque de Worms. 174
Charles-Quint. 175

Notes supplémentaires.

N° 1. La république de Lucques, suspecte de luthéranisme. 177
N° 2. La réforme en Lorraine. 178
N° 3. Lois et usages de quelques états d'Allemagne, en matière religieuse. 180
N° 4. État actuel du catholicisme, en Suède et en Danemarck. 182

Chapitre V. Le pape se décide à convoquer un concile, à Vienne d'abord, puis à Trente. 184
—Ses instructions. 185
Session d'ouverture. 187
Partis des dominicains et des franciscains. 189
Le pape met des obstacles aux projets de réforme. ib.
Succès des luthériens en Allemagne. 190
Mort de Luther. ib.
Décrets du concile de Trente sur le dogme. 191
Débats indécens sur la grâce. 192
Le concile est sous la dépendance du pape. 193
—Il soutient les priviléges des religieux contre les prétentions des évêques. 194

Note supplémentaire.

Priviléges des ordres religieux. 196

Chapitre VI. Le pape allume la guerre en Allemagne. 199
Politique de Charles-Quint, opposée à celle de Paul III. ib.
L'Allemagne soumise par l'empereur. 201
Charles-Quint menace les pères de Trente. 202
Canons remarquables sur l'efficacité des sacremens. 203
Semblans de réforme. 205

Pages.

Le pape, effrayé, transfère le concile à Bologne. 206
Les Allemands veulent un concile entièrement libre. 207
Interim de Charles-Quint. 208
—Son édit pour la réforme du clergé. 209
L'Interim déplaît à tous les partis. 210
Jules III reconvoque le concile à Trente. 211
La France proteste contre le concile. 212
Transsubstantiation. 213
Sauf-conduit accordé aux protestans. 214
—Ils scandalisent les catholiques. 215
Nouvelle guerre en Allemagne. 216
L'empereur a le dessous. 217
Traité de Passaw. *ib.*
Projets pontificaux de réforme. 218
Liberté de conscience pour les confessionnistes. 219

Chapitre VII. État de la religion en Allemagne. 222
Luthériens d'Espagne. 223
Philippe II veut faire condamner la mémoire de son père par l'inquisition. 225
La France et l'Allemagne demandent la communion du calice. 226
Dernière convocation des pères de Trente. 227
Index des livres défendus. 228
Efforts de Pie IV pour retenir les évêques sous sa dépendance. 229
Instances des puissances catholiques pour obtenir une réforme. 232
Les jésuites soutiennent le pouvoir absolu du saint siége. 235
Arrivée des Français au concile. 236
Mariages clandestins. 238
Ruses des prélats italiens pour esquiver la réforme demandée par tous les étrangers. *ib.*
Le pape presse la marche du concile. 240
Anathèmes de clôture. 241

Notes supplémentaires.

No 1. Mystères à personnages. 243
Fêtes des Fous et des Anes. 246
Prédications. 247
Questions impertinentes. 248
No 2. Index. 249

Pages.

Licences pour lire les livres défendus. 249

N° 3. Les couvens, au seizième siècle. 250

N° 4. Immunités ecclésiastiques. 251

Chapitre VIII. La discipline du concile est rejetée par la France et par l'Allemagne. 256

Communion du calice. 257

Récompenses accordées par le pape aux prélats qui l'avaient servi. 258

Disputes entre les réformateurs. 259

Ubiquité. 260

Guerre de trente ans. 261

Gustave-Adolphe. 262

Paix de Westphalie. *ib.*

Protestations de la cour de Rome. 263

Indifférentisme des réformés modernes. *ib.*

LIVRE VI. — Les Sacramentaires.

Chapitre I. Le mystère de l'eucharistie n'a pris une forme arrêtée que par les discussions dont il a été l'objet. 267

Les théologiens s'attachent au merveilleux, pour séduire le peuple qui l'aime. 268

Antiquité du dogme de la présence réelle. 269

—Premières disputes à ce sujet. *ib*

—Opinions de Ratramne. 271

Bérenger nie la présence réelle. 272

—Léon IX l'excommunie. 273

Abjuration de Bérenger, au concile de Tours. 275

—Il est condamné à brûler ses écrits. *ib.*

—Il plaide sa cause devant Grégoire VII. 276

—Doutes de ce pape sur l'eucharistie. *ib.*

Nouvelle abjuration de Bérenger. 277

—Réformateurs qui suivent ses traces. 278

Les sacramentaires. 279

Note supplémentaire.

Présence figurée de Jésus-Christ dans l'eucharistie. 281

Chapitre II. Zwingle. 283

Une grande partie de la Suisse se réforme. *ib.*

Pages.

Carolstad. 284

Discorde entre les luthériens et les sacramentaires. 285

Luther veut établir une nouvelle église dogmatique. 287

Le zwinglianisme est embrassé par les villes libres d'Allemagne. 288

Guerre de religion en Suisse. 289

La réformation pénètre en France avec les lettres. 290

L'audace des réformateurs est punie avec cruauté par les catholiques. 291

Contradictions dans la conduite de François Ier. 292

Note supplémentaire.

État actuel de la religion catholique en Suisse. 293

Chapitre III. Jean Calvin. 295

—Il va en Italie. 296

—Il s'établit à Genève. *ib.*

—Ses disciples, persécutés en France. 298

Acharnement de Henri II. *ib.*

Progrès du calvinisme. 299

Modération des tribunaux français. *ib.*

La politique seconde le fanatisme. 301

L'amiral Coligni. 302

Supplice d'Anne Dubourg. *ib.*

Conjuration d'Amboise. 303

Conférence entre les Bourbons et les Guises. 304

Évêques français réformés. *ib.*

Premières hostilités des calvinistes. 306

Les Bourbons arrêtés. *ib.*

Politique artificieuse de Catherine de Médicis. *ib.*

—Elle tolère le culte réformé. 307

Le cardinal de Lorraine, auteur de l'édit de Romorantin. 308

Colloque de Poissy. 309

— Ses résultats. 310

L'édit de janvier pour la paix de religion. *ib.*

Propension du cardinal de Lorraine au luthéranisme. 311

Note supplémentaire.

Tributs imposés par le saint siége aux états catholiques. 313

Pages.

Chapitre IV. La reine se joint aux réformés. 316
Massacre de Vassi. ib.
Actes de cruauté et représailles. 317
Guerre atroce. 318
Deux cardinaux français se marient. 319
Le duc de Guise est assassiné. 320
La paix ne met pas fin aux troubles. 321
Sévérité imprudente de la cour de Rome. ib.
Dispositions de Charles IX. 322
Nouvelle guerre. ib.
On s'observe des deux côtés. 323
Conseils sanguinaires du pape saint Pie V. 324
Les catholiques et les réformés s'entrégorgent. 325
Dissimulation du roi et de sa mère. 326
—Ils font empoisonner la reine de Navarre. ib.
Massacre de la Saint-Barthélemi. 327
Joie barbare du pape. 329
Conduite infâme de Charles IX. 330

Notes supplémentaires.

N° 1. Sauteries de Mâcon. 332
Serbelloni. ib.
Les soldats du pape, amoureux des chèvres. ib.
N° 2. Saint Pie V et sa doctrine atroce. 333
N° 3. Massacres de Lyon. ib.
Mandelot. 334
La tête de l'amiral Coligni, envoyée au pape. 335
N° 4. Grégoire XIII fait peindre les scènes principales de la Saint-Barthélemi. 336

Chapitre V. Innovations religieuses en Flandre. 338
Édits de Charles-Quint contre les hérétiques. 339
Philippe II. 340
Philippe, comparé à Charles-Quint. 341
Sujets de mécontentement des Flamands. ib.
Supplices des réformés. 342
Introduction du concile de Trente et de l'inquisition. 343
Compromis. ib.

Pages.
Fureur des iconoclastes. 344
La cathédrale d'Anvers est saccagée par les *gueux*. 345
Modération de la gouvernante. 346
Cruauté du roi et du pape. *ib.*
Arrivée du duc d'Albe. 348
Conseil de sang. *ib.*
Supplice des comtes d'Egmont et de Horn. 349
Succès du duc d'Albe. 350
Révolte générale. 351
Guerre atroce. *ib.*

Note supplémentaire.

Sermons du P. Cornélis. 353

Chapitre VI. Guerre de religion en France. 354
La ligue. 355
—Le roi est forcé de s'en déclarer le chef. 356
Troubles des Pays-Bas. 357
Siége de Leyde. *ib.*
Union de toutes les provinces contre les Espagnols. 358
Don Juan séduit les provinces catholiques. 359
Alexandre Farnèse. 361
Fédération des provinces réformées, à Utrecht. 362
Le duc d'Anjou trahit les Flamands. 364
Pouvoir des Guises. *ib.*
—Henri III n'ose pas leur résister. 366
Sixte-Quint excommunie tous les Bourbons. *ib.*
Audace des ligueurs. 368
Le roi fait assassiner le duc de Guise. 369
—Il est excommunié. 370
Sermons des ligueurs. 371
Henri III se joint au roi de Navarre. 373
—Jacques Clément le tue. 374
Henri IV, reconnu roi par l'armée. *ib.*
État déplorable de la France. 376

Note supplémentaire.

Jaureguy et le P. Timmermans. 378

Pages.

Chapitre VII. Avantages des Espagnols sur les réformés. 379
Assassinat du prince d'Orange. *ib.*
Élisabeth d'Angleterre donne des secours aux réformés des Pays-Bas. 380
Perfidie de Sixte-Quint. 381
— Il est suspect au roi d'Espagne et aux ligueurs de France. 383
Anathèmes de l'église de Rome contre Henri IV. *ib.*
Dissensions des ligueurs. 384
Progrès des royalistes. 385
Henri IV se fait catholique. 386
— Rome refuse de le reconnaître. 387
Efforts du fanatisme. 388
L'assassin Jean Châtel, déclaré saint et martyr. *ib.*
Absolution de Henri IV à Rome. 390
— Il est assassiné. 392

Notes supplémentaires.

N° 1. Lettres de François Van Aerssen au conseiller d'état Valcke. 393
N° 2. L'assassinat par inspiration. 396

Chapitre VIII. Vexations qu'éprouvent les réformés de France à diverses époques. 399
Projet de réunion. 401
Révocation de l'édit de Nantes. 402
Troubles des Cévennes. 403
Le cardinal de Loménie fait rendre l'état civil aux protestans. 404
Massacres à Nîmes. 405
Affaires des Pays-Bas. 407
Albert et Isabelle. 409
Négociations pour la paix. 410
Conclusion d'une trève. 411
L'indépendance des Provinces-Unies est définitivement reconnue par le traité de Westphalie. *ib.*

Notes supplémentaires.

N° 1. Persécutions de Louis XIV; dragonnades. 413
N° 2. Louis XIV (lettre de Fénelon). 414
N° 3. Le catholicisme aux Provinces-Unies. 416
Royaume des Pays-Bas. *ib.*
Belgique. 417

Pages.

LIVRE VII. — Dispenses de mariage et divorces.

Chapitre I. Les papes se sont crus les maîtres du monde. 419
—Juges universels des intérêts et des actes humains. ib.
—Ils se constituent les arbitres de la validité du mariage. 420
—Les rois surtout sont exposés à leurs décisions arbitraires et tyranniques sur cette matière. 422
Danger de l'influence religieuse sur le sort des peuples. ib.
Divorce forcé de Charlemagne. 423
Incertitude de la discipline ecclésiastique sur le mariage. 424
Le roi Lothaire accuse Theutberge, sa femme, de plusieurs crimes. 425
—Il se fait divorcer par son clergé. 426
Recours des frères de la reine au pape. 428
Nicolas Ier casse la sentence de divorce. ib.
Violences de l'empereur contre le pape Nicolas. 429
Protestation virulente des archevêques lorrains contre le saint siége. 431
Un légat fait rappeler Theutberge et renvoyer Waldrade, seconde femme du roi. 432
Humiliation de Lothaire. 433

Notes supplémentaires.

N° 1. Le pape Pie VII condamne le mariage civil, que le pape Adrien II avait déclaré valide et inviolable. 435
N° 2. Concubinage, polygamie et divorce. 436
N° 3. Les mariages déclarés incestueux par l'église, sont nuls à ses yeux. 438

Chapitre II. Le roi Robert épouse Berthe, sa parente. 439
—Il est excommunié et abandonné de tout le monde. 440
Superstitieuses absurdités. ib.
L'empereur Henri IV, humilié par le saint siége. 441
Suénon III, roi de Danemarck, forcé de se divorcer, prend des concubines. ib.
Philippe I, roi de France, répudie sa femme. 442
—Il est excommunié. ib.
Les évêques français soutiennent le roi contre le pape. 444
Soumission de Philippe, qui renvoie sa nouvelle épouse. ib.
—Le pape légitime les enfans que le roi avait eus d'elle. 445
Divorce de Louis VII. 446

Pages.

—Raisons sur lesquelles se fondent les prélats français pour le prononcer. 446
Divorce et second mariage de Philippe-Auguste. 447
Toute la France mise sous interdit. 448
Le roi punit son clergé pour avoir obéi au pape. 449
—Le saint siége veut profiter des circonstances pour dominer. 450
Philippe-Auguste, en reprenant sa première femme, déjoue les projets des prêtres. 451

Note supplémentaire.

Sortiléges, empêchant la consommation du mariage. 454

Chapitre III. Le pape Innocent III approuve d'abord, et rompt ensuite, le mariage d'Alphonse, roi de Léon. 456
Jean XXII refuse le divorce à un des fils de Philippe-le-Bel. *ib.*
—Il l'accorde à ce même prince devenu roi, ainsi que la permission d'épouser une religieuse. 457
La duchesse de Carinthie répudie son mari pour cause d'impuissance. 458
Divorce de Ladislas, roi de Naples, ratifié par Boniface IX. 459
Ginèvre Amieri se marie sans être veuve, du consentement du tribunal ecclésiastique de Toscane. 460
Innocent VIII ratifie le divorce de René II, duc de Lorraine. 461
Divorce de Vladislas, roi de Bohême. 462
Louis XII achète d'Alexandre VI la permission de changer de femme. *ib.*
—Le pape en profite pour élever son fils César Borgia. 463

Chapitre IV. Scrupules de Henri VIII sur son mariage avec Catherine d'Aragon. 465
—Clément VII lui promet le divorce. 467
—Des raisons politiques le rendent moins traitable. 468
Menaces des rois de France et d'Angleterre. 469
Anne Boleyn. 470
Henri VIII se soustrait à l'obéissance du saint siége, et est excommunié. 471
—Il se déclare chef de l'église anglicane. 472
Le clergé se soumet au roi. 473
Bulle de Paul III. 474
Considérations sur les vexations de la cour de Rome en Angleterre. 475
Réflexions de Matthieu Paris. 476
Comment Henri VIII se venge du pape. 477

Pages.

Orthodoxie sanguinaire du roi. 478

—Son inconstance. 479

Note supplémentaire.

Visite des couvens d'Angleterre, par ordre de Henri VIII. 480

Chapitre V. Édouard VI introduit la réformation. 482

La reine Marie persécute les réformés. 483

—Son mariage avec Philippe II. 485

L'Angleterre se soumet au saint siége. 486

Les hérétiques sont brûlés. *ib.*

Le cardinal Pole, suspect d'hérésie. 488

La reine Élisabeth est repoussée par le pape. 490

—Elle sépare à jamais l'Angleterre du saint siége. *ib.*

Pie IV cherche à attirer Elisabeth, mais trop tard. 491

Philippe II est la cause indirecte de la perte du catholicisme en Angleterre. 492

Chapitre VI. Marie Stuart persécute les réformés d'Écosse. 494

—Ils la chassent. *ib.*

—Devenue prisonnière d'Élisabeth, les catholiques conspirent pour la délivrer. 495

Acharnement de saint Pie V, contre la reine d'Angleterre. 496

Révoltes en Irlande. 497

Menées séditieuses des jésuites. 498

Conspiration de Babington. 499

Sixte-Quint, amoureux d'Élisabeth, l'excommunie. *ib.*

Jacques Ier persécute les presbytériens. 501

Conjuration des poudres. 503

Serment d'allégeance. *ib.*

Blackwell. 504

Jésuites pendus. 505

Notes supplémentaires.

N° 1. Réforme en Écosse. 508

Marie Stuart. 509

N° 2. Omnipotence papale sur les trônes comme sur les autels. 510

Chapitre VII. Les presbytériens vexés par Charles Ier. 513

Révolte en Écosse. 514

Pages.

Quarante mille réformés, égorgés en Irlande. 515

Covenant, et guerre parlementaire. 516

Olivier Cromwell. 518

Les indépendans font mourir Charles Ier. 519

Ambition de Cromwell. 520

— Sa mort. 521

— Faiblesse et chute de son fils. *ib.*

Fautes de Charles II. 522

— Sa *cabale* pour se rendre absolu. 523

Le parlement institue l'épreuve du *test*. 524

Conspiration des papistes. 525

Les whigs et les torys. 526

Conspiration des réformés. *ib.*

Chapitre VIII. Jacques II veut rétablir le catholicisme en Angleterre. 528

— Innocent XI blâme son zèle hors de saison. 529

Les Anglais appellent le prince d'Orange. 531

Abaissement des catholiques. *ib.*

Constitution de 1688. 532

Bills contre les catholiques des trois royaumes. 533

Tentatives inutiles pour émanciper les catholiques anglais. 334

Émeute. 535

Les catholiques cherchent à lever les obstacles qui s'opposent à leur émancipation. 537

— Scrupules vétilleux de quelques prêtres. *ib.*

Espoir déçu des catholiques. 540

— Ils sont émancipés. 541

Notes supplémentaires.

N° 1. Déclaration de six universités catholiques, contre les prétentions à la domination temporelle des papes sur les souverains (1788 et 1789). 543

N° 2. Jeûne religieux imposé aux Anglais par le ministère Pitt. 544

N° 3. Le catholicisme au Canada et aux Indes anglaises. 545

Chapitre IX. Bigamie du landgrave de Hesse. 546

Divorce de Henri IV, roi de France. 547

— Motifs allégués par le saint siége. 548

Mariage du duc Charles de Lorraine avec Nicole, sa cousine germaine, en vertu de dispenses. 549

Pages.

La Lorraine ravagée par ordre du cardinal de Richelieu, allié des protestans. 551

Le duc Charles fait déclarer nul son premier mariage, et prend une autre femme. 552

Nicole fait excommunier son mari. 553

Propositions de réconciliation. 554

Le duc fait ordonner à sa première femme de se réunir à lui. 555

—Nicole étant morte, il veut se remarier, du vivant de sa seconde femme. 557

—Il se fait fiancer à une troisième. ib.

—Il épouse de nouveau la seconde à l'agonie. ib.

—Il se marie pour la quatrième fois, nonobstant l'opposition de sa fiancée. 558

Divorce de la reine de Portugal, pour impuissance de son mari. 559

Abolition de l'épreuve du *congrès*. 560

Permission accordée au roi de Prusse d'avoir deux femmes à la fois, du vivant de celle qu'il répudiait. 561

Divorce de l'empereur Napoléon. ib.

Procès pour le divorce de la reine de Wurtemberg, depuis impératrice d'Autriche. 563

—Opposition de l'avocat du mariage. 564

Le divorce est résolu. 566

Note supplémentaire.

Le congrès. 586

TOME VIII.

LIVRE VIII. — La Trinité.

Chapitre I. Un mystère ne peut être ni expliqué ni conçu. 1

—La formule qui explique le mystère, doit être aussi mystérieuse que lui. 3

Roscelin de Compiègne. 4

Abailard. 5

—Il est condamné par le concile de Soissons. 6

—Saint Norbert et saint Bernard le persécutent avec acharnement. 7

Concile de Sens. 8

Pages.

Sentence du pape. 9
Mort d'Abailard. ib.
—Héloïse est déposée auprès de lui. 10
Gilbert de la Porée. 11
—Ses subtilités. ib.
Éon. 13
Discours des cardinaux à Eugène III. 14

Chapitre II. Esprit de la réformation. 16
—Il est faussé par les réformateurs eux-mêmes. 17
La liberté d'opinions ne peut point avoir de bornes. 18
Anabaptistes unitaires. 19
Luthériens et sacramentaires, embrassant la même doctrine. 20
Les peuples du Midi sont plus généralement incrédules que ceux du Nord. 22
Michel Servet. ib.
—Les persécutions de Calvin le traînent au bûcher. 23
—Les réformés applaudissent à cet acte de barbarie. 24
Unitaires italiens. 25
Les quarante anti-trinitaires de Vicence. 27

Chapitre III. Lélius Socin. 30
Gentili, Alciat, Blandrata, Paléologue, Schoman, Duditz. 31
Unitarianisme de la Pologne. 34
—Ses progrès rapides. 35
Les unitaires se séparent des autres réformés. 36
—Opposition qu'ils rencontrent. 38
—Leurs dissentions intestines. 39
Liberté des cultes en Pologne. 40
Hardiesse des unitaires. ib.
Un crime commis par les catholiques, fait pénétrer l'unitarianisme en Transilvanie. 42
Résultat des conférences entre les réformés de diverses sectes. 44
—Les unitaires demeurent les maîtres. 45

Note supplémentaire.

Le roi Étienne Batori. 47
Tolérance. ib.

Chapitre IV. *Pacta conventa*, jurés par tous les rois de Pologne. 49
Église unitaire de Racovie. 50

Pages.
Fauste Socin. 52
—Il travaille à la réunion de tous les unitaires. 53
—Ses opinions. ib.
Persécutions contre les sociniens. 55
—Ils sont chassés de la Pologne. 56
—Leurs souffrances. 57
—La plupart se réfugient en Transilvanie. 59

Chapitre V. Sociniens célèbres en Pologne. 61
—La Russie les protège pour gagner de l'influence dans ce royaume. 64
Sociniens de Hongrie et de Transilvanie. 66
Unitaires d'Allemagne. ib.
Unitaires des Provinces-Unies. 67
Jean le Clerc. 69
Arianisme d'Angleterre. 70
Quakers et autres enthousiastes. 72
Universalité du socinianisme. 73
Déisme. 74
Néologie des réformés allemands. 75
Théophilanthropie. 77

Notes supplémentaires.

N° 1. L'intolérance catholique a perdu la Pologne. 80
N° 2. Les arminiens accusés d'arianisme. 89
Latitudinaires. 90

LIVRE IX. — La Prédestination.

Chapitre I. Opinions raisonnables de Pélage. 93
—Saint Augustin les fait anathématiser dans toute l'église. 94
Le pélagianisme reprend tacitement le dessus. 96
—Il est combattu par le moine Gothescalc. ib.
Moyens que fournit le dogme de la prédestination pour terrifier et enchaîner les esprits. 97
Les opinions de Gothescalc sont condamnées. 99
Concile de Quiersi-sur-Oise. 100
Pélagianisme des catholiques de cette époque. 101
—Il est contredit par quelques églises. 102
Tous les réformateurs chrétiens professent le prédestinatianisme. 104

Pages.

Note supplémentaire.

Prescience divine : prédestination. 105

Chapitre II. Luther, prédestinatianiste. 107
—Les luthériens modèrent la dureté de cette doctrine. 108
—Zwingle et Calvin l'admettent. *ib.*
—Division des pères de Trente à ce sujet. 109
Baïus. 110
—Ses antagonistes. 111
—Il est condamné par le saint siége. 112
—Sa mort. 113
La prédétermination physique des dominicains, attaquée par Molina, jésuite. 114
Congrégation *de auxiliis.* 115
—La société prend fait et cause pour Molina. 116
Paul V met fin aux conférences sans rien décider. 117

Note supplémentaire.

La prédestination gratuite et absolue. 119

Chapitre III. Troubles de l'église réformée. 121
Arminius et Gomarus. 122
Opinions des arminiens ou remontrans. 123
Conrad Vorstius. 125
Les contre-remontrans intéressent le roi Jacques Ier à leur cause. 126
Question du plus ou du moins d'autorité des magistrats sur l'église extérieure. 127
Hugues Grotius. 129
Le prince d'Orange s'attache aux contre-remontrans. 130
Synode de Dordrecht. 131
Humiliation des arminiens. 132
—Ils sont persécutés dans toutes les provinces. 134
Triomphe du gomarisme. 135
Condamnation de Vorstius. 136
Supplice de Barnevelt. 137
Proscriptions. 138
Divisions de l'arminianisme. 139
Universalisme et particularisme. 140
Acharnement des sectaires. 142

Pages.

Les magistrats hollandais permettent aux arminiens de fonder une église séparée. 143

Chapitre IV. Reste de baïanisme dans les Pays-Bas catholiques. 146
Jansénius. 147
—Son *Augustinus*. *ib.*
—Sa haine contre les jésuites. 149
Le livre de Jansénius, approuvé. 150
Les jésuites, en l'attaquant, injurient saint Augustin. 151
Urbain VIII condamne l'*Augustinus*. *ib.*
Les cinq propositions. 153
—Elles sont condamnées. 155
Subtiles distinctions des jansénistes. 157
Le *grand* Arnauld. 158
—Il est condamné par la Sorbonne. 159
Lettres provinciales. 160

Notes supplémentaires.

No 1. Erreurs reprochées aux jésuites, et même aux jansénistes, par les prédéterminatistes réformés. 162
No 2. Saint Vincent de Paul. 163
Ses intrigues contre le jansénisme et les jansénistes. *ib.*
Les catholiques modernes qui honorent saint Vincent, canonisé pour son intolérance civile, exaltent Fénelon pour avoir été tolérant. 166
Saint Vincent de Paul, déiste. 168

Chapitre V. Signature du formulaire. 171
Conférences inutiles. 172
Persécutions. 173
Condamnation de la morale relâchée des jésuites. 175
Distinction entre le droit et le fait. *ib.*
Opiniâtreté des jansénistes sur la question de fait. 176
Paix de Clément IX. 177
Nouveau-Testament de Mons. 179
Les jansénistes signalent de nouveau l'immoralité des écrits des jésuites. 180
La morale des jésuites, condamnée par Innocent XI. *ib.*
Petites vexations de secte à secte. 182
Innocent XII contente presque les jansénistes. 183
Contradictions de l'archevêque de Paris. 184

Pages.

Note supplémentaire.

Traduction de la Bible. 187

Chapitre VI. Les rites chinois. 189

—Après bien des décisions contradictoires, ils sont condamnés par le saint siége. 191

Les querelles des chrétiens à la Chine finissent par y faire proscrire le christianisme. *ib.*

Cas de conscience. 193

Destruction de Port-Royal. *ib.*

Livre de Quesnel. 194

Funeste bulle *Unigenitus.* 195

Mort de Louis XIV. 197

Les appelans. 198

L'abbé Dubois. 199

—Il est fait cardinal. 200

Persécutions du cardinal de Fleury. 201

Concile du *brigandage*, à Embrun. 202

L'ultramontanisme du gouvernement français lui fait des ennemis de tous ceux du despotisme civil et religieux. 204

Chapitre VII. Miracles du diacre Pâris. 206

Convulsions. 207

Les secours. *ib.*

Nouvelles ecclésiastiques. 209

Élie-Dieu. 210

Différentes sectes de jansénistes. 212

Église d'Utrecht. 213

—Ses prélats sont anathématisés par le saint siége, chacun lors de son élection. 214

Disputes qui troublent l'église d'Utrecht. 215

Note supplémentaire.

Convulsionnaires. 218

Crucifiemens. 222

Chapitre VIII. Refus des sacremens en France. 232

—Le scandale en retombe sur la religion. 233

Le parlement continue son opposition à la cour et aux jésuites. 234

Le pape ordonne les refus de sacremens. 236

Pages.

La suppression des jésuites devient une question nationale en France. 237

D'accord avec le haut clergé, la magistrature s'oppose aux efforts des philosophes. 238

Le jansénisme change de caractère. 240

—Ce qu'il était en Allemagne et en Italie. 241

—Ce qu'il était en Espagne. 242

César Malanima. *ib.*

—Il soutient que le baptême n'est pas nécessaire aux enfans des chrétiens. 243

—L'autorité ecclésiastique défend la publication de son manuscrit. 244

Notes supplémentaires.

N° 1. Nécessité du baptême. 246

Enfant né de la cuisse d'un homme. *ib.*

N° 2. Le prêtre Malanima, qui sauvait les enfans morts sans baptême, voulait qu'on égorgeât tous les amis de la liberté. 247

LIVRE X. — LE QUIÉTISME.

Chapitre I. L'homme abuse de ses facultés supérieures. 249

Le mysticisme spéculatif est un plus grand obstacle au progrès social, que les superstitions matérielles. 250

Importance du sentiment du devoir actif. *ib.*

Siméon Xérocerce, et les hésychastes. 251

—Leur doctrine. 252

Grégoire Palamas. 253

Le pape Jean XII, condamné pour avoir refusé aux saints la vision béatifique. *ib.*

Les umbilicaires. 254

Barlaam et Acyndinus. 255

Chapitre II. Mystiques enthousiastes de l'église latine. 257

—Leurs principes. 258

Illuminés d'Espagne. 260

Pandolphe Ricasoli, à Florence. 261

Antoinette Bourignon. 262

—Ses aventures. 263

—Attaques auxquelles elle est exposée. 264

—Dieu lui ordonne de réformer l'église. 265

Pages.

—Le P. De Cort la seconde. 266
Antoinette publie de nombreux ouvrages. 267
Un carme, fondé de pouvoirs de la Sainte-Trinité pour procurer des épouses à Jésus-Christ. 268
Quelques-unes des rêveries de la Bourignon. 269

Notes supplémentaires.

N° 1. Sainte Marie Alacoque. 272
Le Sacré-Cœur de Jésus. *ib.*
N° 2. Le vénérable Jean Rusbrock. 273
Saint Bernard. 274
Henri Harph. *ib.*
N° 3. Sainte Thérèse. *ib.*
La vénérable Anne-de-Jésus. 275
N° 4. Lettres de saint François de Sales. *ib.*
N° 5. Possessions et exorcismes. 279

Chapitre III. Michel Molinos. 281
—Sa doctrine. 282
Le P. Guilloré. 283
Molinos est condamné par l'inquisition. 284
Antoine-Marie Lioni. *ib.*
Piétistes réformés. 285
Méthodistes. 286
François Malaval. 287
Madame Guyon et le P. La Combe. *ib.*
—Les dogmes qu'ils répandent. 289
Madame Guyon à la mode, à Paris. 291
—Bossuet se déclare contre elle. 292
—Elle demande à être jugée. 293
Rivalité de Fénelon et de Bossuet. 297
Le livre des *Maximes des saints*. 298
—Procès à la cour de Rome, à ce sujet. 300
Abus de la confession. 301
Fénelon est condamné. *ib.*

Notes supplémentaires.

N° 1. Fénelon. 304
—Ses délations secrètes. 305
—Il était persécuteur. 307
—Affilié aux jésuites. 308

Pages.
— Templier. 309
— Panthéiste. *ib.*
— Ami du cardinal Dubois. 310
Bossuet était-il marié? 311
N° 2. Direction secrète de femmes jeunes par des prêtres, hommes avant tout. 313

Chapitre IV. Les martinistes. 315
La sœur de la Nativité. *ib.*
— Amour qu'elle inspire. 316
— Ses visions.
— Ses prédictions. 318
Société des victimes. 319
Jung Stilling. *ib.*
Les peschélites. 320
Madame Krudner. *ib.*
— Ses publications. 321
— Ses relations avec l'empereur Alexandre. 322
Notes supplémentaires.
N° 1. Révélations de la sœur de la Nativité. 324
Victimes de Jésus. 327

CONCLUSION.

§ I. L'histoire politique de l'église est mêlée à l'histoire civile des sociétés chrétiennes, jusqu'aux dernières révolutions. 331
Intrigues et souplesse de la cour de Rome pour conserver sa position temporelle. 332
La papauté ne donne plus de scandales publics. *ib.*
Le saint siége ajourne ses entreprises, et espère tout du temps. 334
Réaction de l'autorité gouvernementale contre l'autorité spirituelle, dans la seconde moitié du dix-huitième siècle. *ib.*
Efforts rétrogrades de la restauration. *ib.*

§ II. La révolution de 1830 manifeste les progrès de l'opinion publique. 336
M. de Lamennais demande pour le catholicisme, la même liberté à laquelle il reconnaît que toute autre doctrine a un droit égal. 337

Pages.

—Le pape condamne ses efforts. 337

Le journal *l'Avenir* suspendu, puis supprimé. 338

Soumission de M. de Lamennais à la partie dogmatique de l'encyclique. *ib.*

—Soumission absolue et sans restriction. 339

—Les *Paroles d'un croyant.* 341

—Conséquences de la condamnation de ce livre par le saint siége. *ib.*

Rome, l'alliée de tous les despotismes, répudie toutes les libertés. 343

—Elle proclame elle-même sa chute. 345

§ III. Conquêtes morales de la révolution de 1830. 347

L'intelligence et la conscience humaines sont libres absolument. 349

—Elles ont le droit de disposer de tous les moyens qui servent à formuler cette liberté et à la rendre pratique. *ib.*

L'homme *peut* se tromper. 350

L'homme *doit* se conformer à l'ordre social légitime. *ib.*

La vérité appartient au genre humain. 351

Liberté des cultes. *ib.*

La société ne connait, ni sectaires, ni prêtres, mais seulement des citoyens. *ib.*

Notes supplémentaires.

N° 1. Les idées pratiques qui doivent être le résultat de la révolution de 1830 partout ailleurs, ont précédé cette révolution et l'ont déterminée en Belgique. 353

Elles y sont passées dans les lois. 354

N° 2. La liberté intellectuelle et morale engendre-t-elle l'anarchie? 355

§ IV. Le catholicisme, indépendant de l'état. 361

Plus de concordats entre les gouvernemens et le saint siége. *ib.*

Plus d'intervention de l'autorité dans les affaires religieuses. 362

Les cérémonies du culte et les prières sont libres. *ib.*

Les vœux à Dieu, les privations, les costumes, la manière de vivre pour lui plaire, le sont aussi. 363

L'état ne doit rien aux cultes. 364

Abolition du salaire aux prêtres. *ib.*

Question de la confiscation des biens du clergé. 365

Pages.

§ V. Le christianisme a cessé d'exister. 368

—L'humanité revendique tout ce qu'il a eu de bon et d'utile. *ib.*

—Ses dogmes, sa morale, ses pratiques, son sacerdoce sont stériles et pernicieux. 370

Le catholicisme est devenu une impossibilité. 371

Les catholiques ne sauraient plus être libres activement, et demeurer papistes. *ib.*

Pouvoir temporel du pape. 373

—Son autorité spirituelle se décompose. *ib.*

Tout homme doit être prêtre et roi. 374

L'alliance entre Rome et le despotisme entraîne la papauté dans le précipice que la monarchie creuse sous ses pas. 376

Post-scriptum. 379

Table des auteurs. 1

FIN DE LA TABLE DES MATIÈRES.

www.ingramcontent.com/pod-product-compliance
Ingram Content Group UK Ltd.
Pitfield, Milton Keynes, MK11 3LW, UK
UKHW021537260726
13993UKWH00002B/548

9 782019 675387